MICHEL DE CHROUSCHOFF

LES EAUX-BONNES

ET

VALLÉE D'OSSAU

PAU

Vᵛᵉ LÉON RIBAUT, LIBRAIRE-ÉDITEUR

1896

L'ENTRÉE DES EAUX-BONNES ET LE JARDIN DARRALDE

EAUX-BONNES

ET LA

VALLÉE D'OSSAU

MICHEL DE CHROUSCHOFF

LES

EAUX-BONNES

ET

LA VALLÉE D'OSSAU

Salut Ossau, la Montagnarde,
La Béarnaise, que Dieu te garde !
Avec bonheur je te regarde
Douce Vallée ! Et sur ma foy
Parmi tes sœurs que je desfie
De Leucate à Fontarabie
Je te dis que la plus jolie
Ne peut se comparer à toy.

(Ancienne Ballade.)

PAU

Vᵛᵉ LÉON RIBAUT, LIBRAIRE-ÉDITEUR

1896

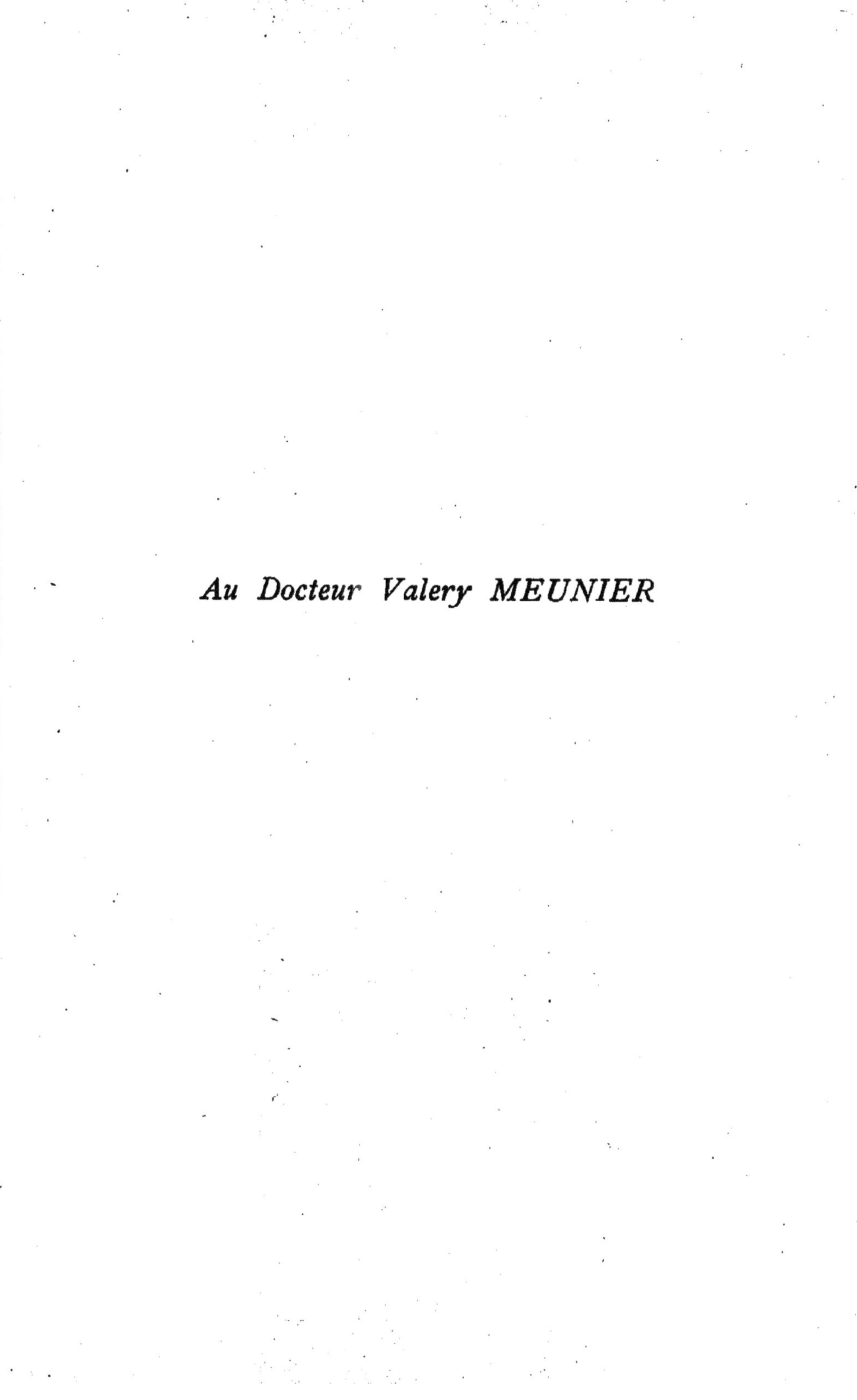

Au Docteur Valery MEUNIER

C'EST en été 1890 que j'ai vu pour la première fois les Eaux-Bonnes, après un hiver passé à Pau où j'étais arrivé bien malade, presque condamné par les meilleurs médecins russes. Le climat de la charmante ville de Henri IV a fait un véritable miracle et le malade ressuscité a pu aller demander à la célèbre Source des Eaux-Bonnes l'achèvement de sa guérison. Je fus frappé par la beauté de la nature grandiose de ces montagnes toutes couvertes de forêts, de milliers de ruisseaux et de cascades ; je respirais avec délices le vent agréable du Sud-Ouest.

Quelles promenades ravissantes n'y trouve-t-on pas ? La Promenade Horizontale faite dans un rocher, œuvre bien remarquable, même de nos jours de grandes découvertes, la route de l'Impératrice, au milieu des torrents, et le chemin du Gourzy sous l'ombre des arbres séculaires, enfin des excursions dans les environs... Puis de magnifiques hôtels, un très joli Casino. Avec raison, je pouvais me croire dans un pays enchanté, heureux de pouvoir contempler et admirer ces montagnes verdoyantes, ces forêts, ce ciel bleu foncé : tous ces charmes indéfinis qu'on peut sentir et non décrire.

Bien sûr, j'étais encore trop faible pour pouvoir profiter de tous les plaisirs que les Eaux-Bonnes m'offraient. Je me contentais d'entendre les récits enthousiastes des autres, d'écouter les descriptions qu'ils faisaient de leurs excursions ; et par curiosité ou plutôt par un sentiment général à tous les malades (bien pardonnable, dirai-je), je m'intéressais à connaître les raisons qui les avaient amenés dans ces montagnes. Peut-être voulais-je affermir davantage mon espoir d'être guéri par cette eau que je devais prendre et contrôler ainsi ceux qui m'y avaient envoyé. Je crois que c'était un peu tout cela, et je questionnais tous ceux que je rencontrais. Quel fut donc mon étonnement, quand j'appris qu'il y avait des personnes qui traversaient l'Océan, qui faisaient plusieurs milliers de kilomètres, qui venaient du fond de l'Amérique, de la Russie, de la Turquie, en un mot des pays les plus éloignés

pour boire pendant un mois cette eau miraculeuse !
Miraculeuse ! Oui, c'est le vrai mot, qui exprime
sans aucune exagération son effet étonnant sur les
malades. On me montrait des individus, qu'on croyait
absolument perdus, et que les Eaux-Bonnes avaient
complètement guéris. Plus tard j'ai pu moi-même
contrôler la vérité de ce qu'on disait, et je n'ou-
blierai jamais ces quelques cas, vraiment frappants,
de guérison obtenus par la cure thermale. Je pourrais
citer plusieurs exemples dont j'ai été témoin, sans
parler de l'immense bien que j'ai ressenti moi-même.
Mais cela nous mènerait trop loin, si je commen-
çais à raconter l'histoire de chaque malade qui
doit la vie à la source bienfaisante des Eaux-Bonnes.
Simplement j'avais l'intention d'expliquer, comment
d'un malade bien indifférent et peut-être un peu
méfiant, je suis devenu un adepte fervent, un
croyant convaincu, un admirateur dévoué de ce
charmant coin des Pyrénées, qui renferme en lui la
santé et par conséquent le bonheur de milliers de
malades. Une fois que ce pays a eu attiré mon
attention, j'ai voulu connaître son passé, son histoire,
savoir, en un mot, tout ce qui le touche de près ou
de loin, et je vous assure que tout ce que j'ai lu et

su a surpassé de beaucoup mon attente. On a beaucoup écrit sur les Eaux-Bonnes, mais il en reste assez pour en faire bien des volumes.

Maintenant en rentrant dans mon pays, après plusieurs années que j'ai passées au milieu de vous, mes chères montagnes, je voudrais vous dire combien je suis triste de vous quitter. Vous m'avez fait connaître les meilleurs moments de la vie, car vous m'avez rendu la santé, et un trésor retrouvé nous devient plus cher encore. Il ne me reste qu'à bénir Celui qui vous a donné les qualités merveilleuses qui vous permettent de soulager les misères humaines, d'adoucir les souffrances et de ressusciter l'espoir et la vie de celui que la pâle mort regardait déjà comme sa proie.

Que de mystères vous gardez, oh! montagnes? Que de siècles ont laissé leurs traces sur vos pierres noircies par le temps! — Témoins de la vie de nos ancêtres, que d'histoires sublimes vous nous racontez de ces années perdues dans l'éternité ! Comment donc ne pas vous admirer ?

L'ÉTABLISSEMENT THERMAL ET L'ÉGLISE

I

On aurait tort de croire que le but de mon travail consiste à faire connaître l'effet curatif des Eaux-Bonnes pour les malades. Ces eaux sont trop connues pour que je puisse concevoir cette idée et, du reste, aux descriptions médicales, je ne consacre qu'un seul chapitre. Comme je l'ai déjà dit, je me suis livré à des études bien variées, et tantôt c'est l'histoire, tantôt les sciences naturelles, comme la zoologie et la botanique qui ont attiré mon attention ; tantôt ce sont les récits populaires, ces légendes du bon vieux temps, toutes pleines d'imagination et de poésie. Je vais donc conter tout ce que j'ai appris, pour que le lecteur ait une idée bien nette de la charmante vallée d'Ossau et puisse, en venant aux Eaux-Bonnes, faire des excursions et profiter de ce qu'il aura su de moi.

Les Eaux-Bonnes se trouvent dans le département des Basses-Pyrénées, à 750 mètres au-dessus du niveau de la mer, tout au fond de la vallée d'Ossau. Cette station thermale est l'une des plus fréquentées des Pyrénées. Elle est desservie par un embranchement des chemins de fer du Midi, partant de Pau jusqu'à Laruns et de là, des voitures suivant une très belle route, y conduisent en une demi-heure. Ce voyage est des plus agréables ; à chaque détour du chemin, on jouit toujours d'une nouvelle vue.

A un kilomètre nord de Laruns, la grande route s'élargit comme une esplanade. Une source abondante traverse le chemin, et les murailles qui tranchent sur les teintes sombres de la montagne indiquent la carrière de marbre blanc de Geteu dont les débris couvrent les environs. Gaston Sacaze y a trouvé des Myrionites, des tiges d'Encrines et trois Trilobites. L'existence du terrain silurien est pour plusieurs savants un fait acquis. Ce qui justifie cette opinion c'est que les ardoisières de la

vallée sont recouvertes par des schistes argileux bru-
nâtres contenant (les *Terebratula subwilsoni, Terebr.
reticularis, Spirifer paradoxus, Orthis striatula, Fleu-
rodyctium problematuum*), des fossiles caractéristiques du dévonien inférieur et qui se retrouvent à
la base des escarpements calcaires des pics de
Gourzy et de Ger dont M. Coquand a démontré
l'origine provencienne.

« Ce marbre est le type parfait de ce que l'on
considérait autrefois comme calcaire primitif. Cependant sa position au-dessus des assises fossilifères
suffit pour protester contre cette classification.
Sacaze y a découvert des Amplexus coralloïdes,
des polypiers du genre Michelinia et surtout de
nombreuses tiges de calamites dont les cannelures
et les articulations sont parfaites. Plusieurs savants
ont trouvé dans ces marbres : des grenats, des
cristaux de pyrite et des mouches de galène associés à des calamites et en tirent la conséquence
que l'on doit arracher du terrain dévonien les
marbres statuaires dont nous parlons pour les
transporter à l'époque carbonifère [1]. »

1. — *Guide Jam.*

J'ai voulu attirer l'attention sur cette carrière de marbre, vu que la découverte des Amplexus et des calamites, au sein des marbres de Geteu, comme le fait observer avec raison le *Guide Fam,* constitue un fait géologique de la plus haute importance et qui mérite d'être mis en lumière, d'autant plus qu'à part une Astrea citée par M. de Blainville dans le marbre de Carrare, aucun fossile spécifiquement déterminé n'a été mentionné dans ces rochers pour ainsi dire exceptionnels [1]. Nous y reviendrons encore lorsque nous parlerons de la constitution géologique des Pyrénées et des richesses minérales de la vallée d'Ossau.

Maintenant, continuons notre voyage interrompu. J'ai dit que plus on avance par la route vers les Eaux-Bonnes, plus grandiose devient le paysage, et une fois arrivé au haut de la côte, on admire le délicieux panorama qui s'étale devant les yeux éblouis. Une riche vallée coupée de moissons jaunes et de prés verts s'ouvre largement au bout du paysage et laisse le regard se perdre dans le lointain indistinct du Béarn ; un torrent devenu

---

1. — *Bulletin de la Société Géologique de France,* 15 novembre 1869, p. 59. Vol. 27, 2ᵉ série.

rivière traverse la vallée et de chaque côté trois montagnes avancent leur pied vers la rivière et font onduler le contour de la plaine. Mais voilà ! nous sommes arrivés. Une large rue, toute bordée de maisons et d'hôtels conduit vers l'Établissement. A droite de cette rue se trouve le joli jardin surnommé Jardin Darralde et qui mène à la Promenade Horizontale. A gauche, deux ou trois petites ruelles avec des maisons très coquettes et voilà tout le village des Eaux-Bonnes. C'est petit, mais c'est bien joli. « Je comptais trouver ici, dit Taine [1], la campagne, un village comme on en voit tant, de longs toits de chaume ou de tuiles, des murs fendillés, des portes branlantes et dans les cours un pêle-mêle de charrettes, de fagots, d'outils, d'animaux domestiques, bref tout le laisser-aller pittoresque et charmant de la vie rustique. J'ai rencontré une rue de Paris et les promenades du bois de Boulogne. » Plus de trente ans se sont écoulés depuis la visite du célèbre Académicien et la municipalité des Eaux-Bonnes n'a pas cessé d'embellir et de rendre plus agréable et plus gaie cette station

1. — TAINE, *Voyage aux Pyrénées.*

thermale. Le voyageur n'a que l'embarras du choix d'hôtels de premier ordre. Les familles peuvent s'installer de la manière la plus confortable dans des maisons meublées telles que Tourné, Pommé, Bonnecaze, où on leur offre tout le nécessaire et même la nourriture à des prix très consciencieux.

Du reste, je dois ajouter que la vie ne coûte pas cher aux Eaux-Bonnes ; il me semble même qu'elle y est moins chère que dans les autres stations pyrénéennes.

A l'entrée de l'Horizontale un bel édifice ouvre hospitalièrement ses portes : c'est le Casino. On y donne trois fois par semaine des représentations théâtrales et les autres jours des bals et des concerts ; on y trouve salle de conversation, salon de lecture très riche en journaux de tous les pays, salle de jeux, en un mot mille moyens pour se distraire. Toutes les après-midi de 3 à 5 et le soir de 7 à 9 heures, un orchestre de quarante musiciens d'élite se fait entendre au jardin, qui ressemble alors, comme l'a dit Taine, à un « coin des Champs-Élysées ». Pour compléter la liste de tous les plaisirs qu'offrent les Eaux-Bonnes, il ne faut pas oublier la chasse à l'izard et la pêche aux truites.

Les amateurs de ces genres de sport trouveront bien de quoi satisfaire leur goût. De nombreuses promenades, des excursions dans les environs, plus ou moins remarquables par la nature ou par les souvenirs historiques, contenteront facilement les touristes les plus exigeants. Qu'on me pardonne ces brièves descriptions. Il me semble tout à fait inutile de consacrer des pages entières à ce qu'on peut dire en deux mots, d'autant plus que des choses beaucoup plus intéressantes nous attendent plus loin. Je voulais simplement faire ressortir les avantages que les Eaux-Bonnes nous offrent comme un séjour d'été très agréable : la facilité de communication (16 heures de Paris), la situation pas trop élevée (750 mètres), la vie pas du tout coûteuse et cependant très confortable, les distractions nombreuses et variées, en un mot l'ensemble de toutes les conditions favorables pour tous ceux que la chaleur et la poussière des villes chassent en été à la campagne.

Maintenant pour les malades, les Eaux-Bonnes renferment encore un élément précieux, je veux dire une source miraculeuse ; et ce qui n'est pas moins précieux, c'est que l'application de ces eaux

minérales en est très nettement définie. « Malgré leur
réputation ancienne dans le traitement externe des
plaies et des blessures (eaux d'arquebusade) on y
traite aujourd'hui presque exclusivement les maladies chroniques des voies respiratoires. Les Eaux-
Bonnes possèdent, en effet, au plus haut degré,
l'action anticatarrhale sur la muqueuse aérienne et
l'action résolutive sur les altérations néoplasiques
du parenchyme pulmonaire. De là, leur application
dans les angines chroniques pharyngées et laryn-
gées, la bronchite chronique, l'asthme compliqué
de catarrhe, la pleurésie et la pneumonie chronique, la phthisie pulmonaire. Les Bordeu, au siècle
dernier, et à une époque plus récente, Andrieu,
Darralde, Guéneau de Mussy, Pidoux ont fait de
cette médication l'une des plus précieuses que l'on
possède. Bordeu avait observé et décrit l'action
reconstituante de ces eaux et le remontement général de l'économie qu'elles déterminent souvent
chez les pulmoniques. Pidoux mit particulièrement
en lumière leur efficacité remarquable contre la
susceptibilité catarrhale des bronches, leur influence
résolutive sur les néoplasies tuberculeuses, notamment sur celles dont l'origine se rattache à

l'herpétisme, à l'arthritisme, ou à la scrofule ; enfin, il démontra leur valeur prophylactique chez les sujets prédisposés à la tuberculose par l'hérédité. Des recherches récentes sur la genèse de la granulation tuberculeuse, et, d'autre part, la démonstration de son origine parasitaire ont éclairé le mécanisme de l'action résolutive et reconstituante signalée depuis longtemps. Ces résultats sont aujourd'hui bien confirmés et c'est un des faits les mieux établis dans la thérapeutique thermale, que la rapidité avec laquelle s'amendent et se guérissent aux Eaux-Bonnes les catarrhes et les engorgements pulmonaires.

« La durée des effets obtenus n'est pas moins remarquable, et, en ce qui concerne les affections catarrhales, l'immunité complète est très fréquente pendant l'hiver qui suit la cure [1]. »

Voici ce que dit un autre médecin, le docteur Marcellin Cazaux : « L'action physiologique de l'Eau de Bonnes a été décrite par plusieurs auteurs modernes : elle donne lieu à une stimulation, à une excitation générale qui se caractérisent par une

1. — Docteur VALÉRY MEUNIER : art. *Eaux-Bonnes* du *Dictionnaire des Eaux Minérales*, 1884.

plus grande fréquence du pouls, par une exaltation de la sensibilité et de l'intelligence et par une suractivité des fonctions de nutrition. Cette action hypersthénisante, combinée avec une action spéciale élective sur la muqueuse du larynx et des bronches, explique les effets bienfaisants de cette eau dans certaines formes des maladies de poitrine et des voies respiratoires, telles que les angines et les laryngites catarrhales et granuleuses, la bronchite, le catarrhe et la dilatation des bronches, l'emphysème pulmonaire, l'asthme proprement dit, la pleurésie et la pneumonie chronique, l'engorgement des ganglions bronchiques et enfin la tuberculose des poumons. A propos des angines, nous insisterons sur cette forme si intéressante connue sous le nom d'angine granuleuse, que la cause prédisposante réside dans le vice herpétique ou dans la diathèse tuberculeuse, qu'elle soit simplement due à une irritation mécanique prolongée, ou à un exercice immodéré de l'organe vocal ; l'engorgement des granules de la muqueuse gutturale trouvera son plus puissant modificateur dans l'administration d'eau d'Eaux-Bonnes en boisson, ou en douches locales. Quand le catarrhe s'accompagne d'emphysème pulmonaire, nous avons affaire à une forme commune de l'asthme qui est remarquablement amendé par les eaux sulfureuses agissant sur le principe irritatif et réveillant ; d'autre part, la contractilité des fibres alvéolaires, même dans les cas d'asthme sec où l'emphysème se complique d'un élément nerveux particulier qui caractérise la maladie, on a pu obtenir plusieurs guérisons inespérées. Quant aux infractus pulmonaires que l'on rencontre assez fréquemment comme reliquats de pneumonie chronique, c'est avec une rapidité surprenante que nous les avons vus maintes fois se fondre et se résoudre. Nous mentionnerons une affection qui n'a été bien étudiée que dans ces dernières années, notamment par le docteur Guéneau de Mussy et par le docteur Baréty (de Nice) : nous voulons parler de l'engorgement tuberculeux des ganglions bronchiques qui accompagne ou précède parfois la tuberculisation pulmonaire. Le traitement de cette forme d'adénite se confond avec celui de la diathèse génératrice. Cette diathèse, la tuberculose, trouve précisément dans nos Eaux un puissant modificateur qui agit à la fois sur son principe et sur ses déterminations locales. Nous avions jusqu'à ce jour l'habitude de dire que nous ne pouvions rien sur le tubercule lui-même ; à nos yeux les médications les plus résolutives agissaient seulement sur les catarrhes, les congestions, les pneumonies qui forment son cortège ordinaire. Mais les travaux récents des histologistes nous autorisent à faire un pas de plus dans la voie de l'optimisme. Nous faisons surtout allusion aux découvertes du Dr Grancher, l'un des plus heureux parmi cette pléïade de jeunes et brillants observateurs qui tiennent si haut le drapeau de l'École de Paris [1]. »

J'aurais pu citer encore plusieurs ouvrages traitant le même sujet, mais cela me paraît complètement inutile, puisque tous ces écrivains sont d'accord sur le genre des maladies qui peuvent être

---

1. — *Dr Marcellin Cazaux :* — Des maladies curables par les eaux minérales des Eaux-Bonnes.

E. Cazenave : — Recherches cliniques sur les Eaux-Bonnes.

A. Charbonnel : — Étude sur les eaux sulfureuses des Eaux-Bonnes.

E. Cazenave : — De l'action thérapeutique des Eaux-Bonnes dans la phthisie pulmonaire.

Dr Devalz : — De l'action des Eaux-Bonnes dans le traitement des affections de la gorge et de la poitrine.

Dr Leudet : — 1º Les Bains des Eaux-Bonnes ;

2º Des effets immédiats et éloignés des Eaux-Bonnes dans le traitement de la phthisie pulmonaire.

Dr Andral : — Recherches cliniques et expérimentales sur l'action des eaux sulfureuses d'Eaux-Bonnes.

Dr Professor Attfield : — The Eaux-Bonnes natural saline sulphurous water, for the treatment of catarrh, quinzy loss of voice, asthma and phthisis with analitical report. — London, 1877.

soignées avec succès par l'Eau des Eaux-Bonnes.

Il y a des langues malveillantes qui prétendent que l'eau des Eaux-Bonnes fait cracher le sang. Je dois avouer qu'avant d'y aller, je l'ai souvent entendu dire, on me l'a répété sur tous les tons, en tâchant de me convaincre du danger que je risquais, vu que j'étais déjà prédisposé à l'hémoptysie.

Trois étés durant, j'ai bu l'eau et elle ne m'a jamais fait cracher le sang, et au contraire ces accidents fâcheux sont devenus de plus en plus rares, c'est-à-dire, j'ai observé sur moi des résultats tout à fait opposés à ce qu'on me disait avant mon départ. Dans le rapport que le Dr Valery Meunier adressa, en 1884, à l'Académie de Médecine, je trouve plusieurs cas analogues au mien. « Quant à l'hémoptysie, dit le savant praticien, elle n'est pas une contre-indication. Elle a été longtemps la préoccupation dominante des malades et des médecins, qu'elle détournait d'une médication utile, mais elle n'est vraiment à redouter que pour ceux qui méconnaissent les précautions nécessaires en cours de traitement et qui ne savent éviter ni les irrégularités dans le régime, ni les courses exagérées dans la montagne, ni l'excès dans le dosage des

eaux. Dès mon arrivée dans la station, en 1881,
cette préoccupation des accidents possibles pendant
la cure était toujours présente à mon esprit. A force
d'entendre dire par certains maîtres que les Eaux-
Bonnes étaient très fortes, qu'elles faisaient parfois
cracher le sang, je ne pouvais pas considérer cette
opinion comme dénuée de fondement. Quinze ans
de pratique à Pau, dans une station qui reçoit un
grand nombre d'affections chroniques des voies respiratoires, m'avaient permis de voir bien des malades
qui s'étaient améliorés ou guéris aux Eaux-Bonnes
sans avoir éprouvé aucun accident fâcheux. Mais
cela ne m'affranchissait pas d'une certaine réserve
dans l'usage de ces eaux, et je n'y envoyais, en fait
de phthisiques, que des malades à forme torpide,
n'ayant pas eu d'hémoptysie et peu ou point sujets
à l'état inflammatoire. Aussi mon étonnement fut
grand dès ma première saison ; les trois cinquièmes
des phthisiques qui vinrent m'y consulter avaient
eu des hémoptysies avant de se rendre aux Eaux.
L'éventualité d'accidents m'apparut dès lors comme
très probable, mais il n'en fut rien, tout se passa
à merveille et sur un chiffre de 52 phthisiques soumis
au traitement thermal en 1881, je n'en observai

que deux qui eurent un peu de sang dans leurs crachats, à la suite de fautes d'hygiène.

» En 1882, sur 88 pneumophymiques 55 étaient hémoptoïques avant la cure. Pas un n'eut d'hémoptysie au cours du traitement, mais il y en eut dix qui présentèrent quelques crachats colorés. En 1883, sur 125 pneumophymiques dont 82 hémoptoïques avant la cure, j'observai une seule hémoptysie légère au lendemain d'une soirée dansante. On voit que ces trois séries constituent un chiffre assez élevé de malades tout particulièrement disposés à l'hémoptysie et aux hyperémies broncho-pulmonaires ; 169 hémoptoïques sur 265 pneumophymiques, c'est plus qu'il n'en faut pour permettre d'apprécier l'influence que nous étudions en ce moment et pour justifier certaines conclusions. De ces 265 pneumophymiques, 96 n'avaient jamais eu d'hémoptysie avant de venir aux Eaux. *Aucun des 96 malades n'a eu un crachat sanglant pendant la cure thermale.* Quant aux 169 tuberculeux ayant eu des hémoptysies avant la cure, 23 ont eu des crachats plus ou moins sanglants à un moment quelconque de leur séjour aux Eaux-Bonnes ; mais sur ces 23 malades 5 ont eu leurs crachats rouges avant d'avoir commencé la cure, et n'en ont plus eu.

en cours de traitement ; et des 18 autres, il n'en est pas un qui n'ait eu à se reprocher quelque faute d'hygiène ou l'inobservation de certaines règles thérapeutiques. Notons encore qu'il ne s'est agi que de crachats striés, plus ou moins sanglants, peu abondants et se dissipant rapidement sous l'influence d'une médication simple, souvent même sans interruption du traitement thermal. »

La station des Eaux-Bonnes possède deux établissements thermaux, l'ancien ou grand établissement et celui d'Orteig. Dans le chapitre suivant, nous parlerons de l'histoire et du développement graduel de ces établissements et nous apprendrons beaucoup de choses curieuses et instructives qui prouvent une fois de plus la justesse du proverbe qui dit que : Nul n'est prophète dans son pays. « Que d'efforts et de travail de la part des Bordeu et des hommes les plus éclairés de ce temps ! Que de luttes ils ont eu à supporter pour mettre les thermes en état convenable et pour faire comprendre aux Jurats l'intérêt qu'ils avaient à satisfaire aux justes réclamations des malades qui, assurément, avaient bien raison de se plaindre. Les portes des logements ne fermaient pas, les lits étaient comme des grabats, les fenêtres sans vitres et les toits ouverts en plusieurs endroits laissaient couler l'eau sur les lits. Il pleuvait dans les cheminées et l'on ne pouvait même y faire bouillir le pot. Quant aux bains, ils étaient pleins d'ordures ; on se baignait deux à deux, ce qui offrait les inconvénients les plus graves au point de vue de la santé. Les Jurats, dit M. Minvielle [1], « veulent bien exécuter certains articles du règlement qui leur sont favorables, mais ils laissent les autres comme non avenus et cependant une affluence singulière de personnes se rend à ces Eaux ; il s'y en est trouvé jusqu'à plus de 3.000 pour 6 baignoires ». Comme on le voit, les eaux devaient être bien connues et appréciées, puisque malgré les inconvénients du séjour, une telle quantité de malades y venaient.

Mais, je veux laisser pour plus tard tous ces détails intéressants et frappants et je reviens à l'Établissement actuel. Il fut reconstruit en 1846, et c'est à cette époque que la plupart des sources qui l'alimentent ont été captées et aménagées sous la direction de l'ingénieur François. Les sources prin-

---

1. — Minvielle : Rapport fait par lui en 1772.

cipales du grand Établissement sont au nombre de sept. Elles sourdent au pied d'un rocher conique de nature calcaire que l'on désigne sous le nom de *butte du Trésor* et elles se trouvent réparties sur un espace très resserré et à quelques mètres seulement de distance les unes des autres.

La source *Vieille* ou source de la Buvette qui est la vraie richesse de la station, sort de bas en haut d'une fissure du rocher et se trouve dans la cour qui est derrière l'établissement thermal à un mètre seulement du robinet de la buvette. Le griffon se trouve dans une roche encaissante très compacte. Le captage en a été facile au moyen d'une colonne d'ascension noyée dans un massif de béton et qui a $1^m 58$ de profondeur. Le robinet de la buvette est en communication immédiate avec le haut de la colonne d'ascension et le trop plein est dirigé par le moyen de deux tuyaux, soit vers l'embouteillage, soit dans un grand réservoir qui sert pour l'alimentation des bains. La Source Vieille débite 6 litres par minute, l'écoulement total se faisant par le robinet de la buvette ; sa température est de 32° 75 au griffon et de 32° à la buvette. Les autres six sources (Inférieure, Supérieure, Nouvelle, d'En Bas, du

Promenoir et Source dite de 1867) servent exclusivement à l'alimentation des bains et elles sont toutes des sources sulfureuses et alcalines. Il existe encore une huitième source, dite du Bois ou froide, qui se trouve située à l'extérieur, à une distance de cent mètres vers l'entrée du ravin, désigné sous le nom de la *Coume d'Aàs*. Cette source naît d'une *faille* qui est très nettement apparente au milieu de bancs calcaires, dirigés de l'est à l'ouest et inclinés de 70° vers le nord. Elle alimente, d'une part, une buvette spéciale et d'autre part contribue dans un bassin de 250 mètres cubes à une réserve d'eau minérale pour le service des bains. L'édifice du grand Établissement comprend, outre la célèbre buvette de la Source Vieille, une salle de gargarisme avec dix-huit loges en marbre blanc, deux salles de bains de pied, une salle de douches pharyngiennes avec vingt tables de pulvérisation, deux cabinets de douches nasales et pharyngiennes annexes, d'installation récente, et vingt cabines de bains avec baignoires en marbre.

Le second Établissement thermal nommé d'*Orteig*, est situé au nord et à une assez grande distance de l'ancien, sur la rive gauche du torrent le *Valentin*. Il a été construit en 1867, sur l'emplacement de plusieurs filets d'eau sulfureuse d'une température variant de 20° à 23° et qui tous sortent directement de la roche calcaire. Ils ont été captés de façon à constituer les griffons de la source d'Orteig qui débite 14 litres par minute et que l'on administre en boisson, en bains et en douches. La source accuse à la buvette une température de 22°. L'installation balnéaire comprend une salle de douches, et huit cabines de bains avec vestiaire. Cette installation d'Orteig a été complétée par la construction, sur la rive opposée du Valentin, d'un établissement d'hydrothérapie et de bains d'eau douce, qui comprend une grande salle de douches diverses et dix cabines de bains.

Voici le tableau comparatif des différentes sources. Ces chiffres sont extraits du rapport d'inspection fait en 1881.

NOMS DES SOURCES	TEMPÉRATURE en degrés centigr.		DÉBIT pour 24 heures EN LITRES.
Source Vieille.........	32°		9534
— Inférieure........	30°	50	6912
— Supérieure......	28°	20	1440
— Nouvelle........	28°	30	5380
— d'En Bas........	30°		7920
— du Promenoir...	28°		5976
— de 1867........	28°		2160
— Froide:.........	12°	80	8640
— Orteig.........	22°		20160

En ce qui concerne la composition chimique de ces sources, des travaux importants ont été faits surtout relatifs à la Source Vieille sur laquelle se concentre presque exclusivement l'intérêt thérapeutique.

Prise au griffon et à la Buvette, l'Eau-Bonne est incolore, limpide, onctueuse au toucher ; elle a une odeur faible d'acide sulfhydrique, mais sa saveur, quoique légèrement hépatique, n'est pas désagréable. Elle tient en suspension une quantité très appréciable de barégine ou sulfuraire en flocons légers, blanchâtres et des bulles de gaz azoté s'en dégagent spontanément.

Les analyses chimiques faites par Messieurs O. Henry (1851), Filhol (1861 et 1870), Garrigou (1876) et enfin par Wilm (1888), ont établi les traits principaux qui assignent à l'Eau-Bonne une place tout à fait distincte dans le groupe des eaux sulfureuses des Pyrénées. Sulfurée-sodique et calcique à la fois, elle contient une proportion plus élevée de chlorure de sodium et de matière organique que ses congénères. L'iode. le fer, l'arsenic, les phosphates s'y rencontrent en quantité considérable et l'analyse spectrale y a relevé la présence de métaux que l'on ne soupçonnait pas.

Incontestablement c'est le traitement thermal qui attire les étrangers aux Eaux-Bonnes.

Cependant, si grande que soit l'efficacité de la cure, il ne faut pas méconnaître l'influence du lieu, de l'altitude et du climat. Je ne saurais trop recommander le séjour dans cette station aux personnes délicates, un peu faibles ou fatiguées par leurs occupations de l'hiver. Elles y retrouveront après peu de temps une grande activité fonctionnelle de la respiration, de la digestion et de la locomotion.

Une altitude de 750^{m}, le voisinage immédiat des forêts, les caractères essentiels du climat du Sud-Ouest qui s'y trouvent à un degré très marqué, toutes ces conditions favorables constituent les éléments fondamentaux d'une véritable cure d'air.

LES EAUX-BONNES EN 1830

II

ᴌᴇs Pyrénées sont très riches en Eaux minérales.

Sur le versant français, il n'est guère de département plus favorisé sous ce rapport que les Basses-Pyrénées. La nature semble lui avoir ouvert ses trésors avec une sorte de prodigalité. Parmi les sources nombreuses qui jaillissent dans sa sphère, les unes sont prospères et renommées depuis les temps les plus reculés, comme par exemple les Eaux-Bonnes. Leur découverte s'est perdue dans la nuit des siècles. Comment, à quelle époque leurs propriétés thérapeutiques furent-elles constatées pour la première fois? On ne saurait répondre. Cependant, il est parfaitement établi qu'elles étaient connues et fréquentées même par les Romains. Pline les cite dans son 21e livre : « Emicant benignæ, passimque in plurimis terris ; alibi semper frigidæ, alibi semper calidæ, sicut in Tarbellis Aquitanica gente et in Pyreneis montibus tenui intervallo discernente. » Oribase qui vivait sous le règne de Julien ainsi que Ætius parlent aussi de la grande vertu de ces Eaux. Scaliger, commentant ces paroles, affirme que ceux qui ont bu l'eau des Eaux-Bonnes, et qui en ont éprouvé eux-mêmes l'effet curatif, ne sauraient mettre en doute que le célèbre naturaliste avait en vue cette station thermale. « Qui aquas Benearnensis saltus in Pyreneis viderunt et biberunt non dubitabunt Plinium de illa sensisse. » J'ai eu beaucoup de patience pour chercher dans différentes archives ne fût-ce que quelques traits qui jetteraient la lumière sur la découverte des Eaux-Bonnes. Je n'ai trouvé aucune trace de leur origine et je suis obligé de dire comme Bordeu, qu'il y a sans doute long-temps qu'elles sont connues, mais que nous ignorons la façon dont on les a découvertes. Quelquefois quand l'histoire devient impuissante pour donner

telle ou telle réponse, on a besoin de recourir à une
autre sorte d'histoire qui conserve non moins bien
les faits curieux échappés à l'observation des hommes de science. Je veux parler des légendes, des
contes et des chansons populaires dans lesquelles,
comme dans un miroir, se réflètent tous les actes de
la vie des nations. Cependant dans le cas présent
les traditions nous font aussi défaut et il n'existe
qu'une seule légende de ce genre, ce qui me paraît
fort extraordinaire étant données la nature grandiose
de l'endroit et les propriétés miraculeuses de la
source. La tradition locale rapporte à un singulier
hasard la découverte de ces eaux. Alors que Bonnes
n'était encore qu'un ravin sauvage et inaccessible,
fréquenté seulement par de rares bergers des vil-
lages voisins, il arriva qu'un pâtre s'aperçut qu'une
de ses vaches atteinte depuis longtemps d'ulcères
aux jambes, s'éloignait chaque jour du troupeau
et ne reparaissait qu'au moment du départ. Sa sur-
prise augmenta lorsqu'il s'aperçut de la prochaine
guérison de la pauvre bête. Il la suivit dans son
excursion solitaire et la vit se plonger dans une
mare infecte et boueuse que les sources sulfureuses
formaient à leur sortie de terre. Bientôt toute la

vallée eut connaissance de cette guérison miraculeuse et les hommes malades du pays vinrent imiter la vache que son instinct avait si bien servie.

Il y a des écrivains qui mettent en doute que les Eaux-Bonnes aient été connues par les Romains, alléguant que ce peuple si soucieux de tout ce qui concernait les thermes n'aurait pas manqué de capter les sources. Mais on peut comprendre facilement l'anéantissement des monuments, lorsqu'on saura que les Goths et les Vascons ont longtemps habité ces contrées et que dans leur haine contre les Romains, ils détruisaient tout ce qui pouvait rappeler leur joug. Quoiqu'il en soit, il est incontestable que déjà aux VIII et IX siècles les Eaux-Bonnes jouissaient d'une vogue considérable. Sanche Ier, roi d'Aragon, s'y rendit vers l'année 870, alors que les Ossalois formaient encore une nationalité indépendante. Depuis cette époque jusqu'à la fin du XIII siècle leur histoire, comme celle de toute la vallée, est enveloppée de ténèbres. Dans le XIVe siècle Gaston Phœbus les visitait. Mais ce n'était ni pour boire à la source, ni pour s'y baigner. Cet endroit était plutôt un rendez-vous de chasse, lorsqu'il allait poursuivre les izards sur le Pic du Ger. Les

archives du pays racontent que moyennant trois
écus les habitants de Laruns étaient tenus, toutes
les fois que le prince venait, de nourrir et de loger
sa meute composée de 1600 chiens.

Marguerite de Navarre aimait beaucoup les Eaux-
Bonnes. Elle y venait pour chasser l'ennui et l'éti-
quette qui lui étaient imposés à la Cour. C'est
peut-être là, au milieu de ces beaux sîtes, qu'elle
s'inspira pour ses douces poésies qui la firent ap-
peler la dixième muse ; pendant ce temps, la
vallée d'Ossau devint comme un lieu de réunion
pour l'élite de la société béarnaise. Cependant il
faut avouer qu'on n'attachait pas beaucoup de prix
à la propriété curative des eaux, comme il est bien
facile de le voir par le fait suivant. Les Eaux-Bonnes
appartenaient alors à la commune d'Aàs dont les
habitants chassèrent un beau jour les anciens pos-
sesseurs des Eaux. Une grande contestation s'étant
élevée entre cette commune et sa voisine d'Assouste
sur la question du pâturage, à cette occasion l'une et
l'autre revendiquaient comme lui appartenant le vallon
où se trouvent les eaux et la forêt adjacente. Après
des discussions sans nombre et des voies de fait, le
litige finit par arbitrage. Un manuscrit, de 1462,

contient les clauses de la sentence qui intervint. Mais chose étrange ! il décrit les lieux avec minutie et tranche la question du pâturage, mais ne dit rien des Eaux minérales de la vallée.

Au commencement du XVIe siècle, les Eaux-Bonnes furent soumises à une de ces épreuves éclatantes, décisives, telle enfin que du résultat devait parfaitement dépendre son avenir. Dans les longs et sanglants démêlés avec le célèbre Charles Quint, le roi de France François Ier était parvenu à rallier à sa cause le roi de Navarre Henri II en lui promettant la main de sa sœur Margue-rite. Les deux monarques s'en allèrent en Italie où, près de Pavie, ils subirent un échec considérable et tombèrent entre les mains des Espagnols. Plus heureux que son royal compagnon d'armes Henri II réussit bientôt à s'échapper. De retour dans leurs foyers, les guerriers Navarrais estropiés et souf-frants projetèrent d'aller prendre les Eaux-Bonnes réputées spécifiques pour les blessures. Le roi lui-même résolut d'en faire personnellement l'essai. C'était en 1552 et selon Jacques-Auguste de Thou, conseiller au Parlement de Paris, le souverain était accompagné par M. de Candole qui gravit le pic du

Midi et muni des instruments nécessaires fit à son
sommet les premières observations géométriques.
Le même conseiller de Thou nous raconte l'anecdote
suivante dont il fut le témoin en 1582. Dans
sa seconde visite aux Pyrénées il prit avec lui son
ami Thunieri et un jeune Allemand. Cet Allemand
but pendant hûit jours vingt-cinq verres chaque
fois, plutôt pour son propre plaisir que par nécessité et *quoique cela ne le purgeât point*, il en ressentit
un grand soulagement, un merveilleux appétit,
un sommeil tranquille et une légèreté surprenante
répandue dans tout le corps. Cet exemple et ce que
nous verrons plus loin nous prouvent que les
qualités de ces eaux minérales ainsi que les maladies
qu'elles guérissaient n'étaient pas bien déterminées
ce qui devait nécessairement diminuer la valeur
des Eaux et avoir une funeste influence sur le
développement des Thermes. Cependant, selon tous
les chroniqueurs de ce temps, l'affluence des
baigneurs augmentait tous les ans.

Aussi, les synodes du Béarn résolurent d'y
envoyer des prêtres comme nous l'apprenons du
rapport adressé au roi. Sa Majesté est suppliée de
donner aux prêtres des cabanes.....

On le voit, les habitations de ce temps n'étaient pas luxueuses, et même beaucoup plus tard, au XVIIIe siècle, on se logeait dans des maisons pauvres et misérables qui manquaient même des choses les plus indispensables. Les baignoires non plus n'étaient pas dans le meilleur état. Voilà comment les décrit un des contemporains : « C'étaient des sortes de cuviers disposés dans d'étroits locaux, sales et boueux, réceptacles habituels des reptiles pendant l'hiver et dont pendant l'été ils disputaient encore la possession à l'homme. » Quelle devait donc être la renommée de ces Eaux et la confiance en leur effet curatif pour que, bravant tous ces désagréments, on allât les visiter ? D'autant plus que pour y arriver il y avait la même peine que pour s'y loger.

Mais revenons au roi Henri II et à ses guerriers. Les espérances qu'ils avaient à peine osé concevoir furent dépassées. Quand ils rentrèrent dans leurs foyers, ils étaient complètement guéris. Dans leur reconnaissance ils baptisèrent la source bienfaisante d'un nom glorieux.

L'eau qui venait de guérir les blessures de l'arquebuse fut appelé l'Eau des Arquebusades. Si l'arrivée du monarque et de ses compagnons d'armes augmenta beaucoup la réputation de ces thermes, la dénomination des Arquebusades devait leur être plus tard nuisible, en ne les préconisant que comme vulnéraires et empêcher de croire aux admirables propriétés qui dans la suite devaient les rendre si célèbres. Mais il arriva que bientôt, peut-être par un pressentiment ou par déception des espérances, les Ossalois leur rendirent le premier nom d'*Eaux-Bonnes*, qu'elles ne devaient plus quitter. Les traditions affirment que le bon Henri IV s'y plaisait beaucoup et Soubert et Larivère, les deux célèbres médecins de son règne, en font souvent mention dans leurs œuvres. Fagon les conseilla à Louis XIV après l'opération qu'il venait de subir, mais les circonstances politiques mirent obstacle à ce voyage. Le peuple suivit l'exemple des rois et des grands et les sources furent très fréquentées. Cependant la commune d'Aàs, trouvant que les revenus étaient insuffisants, ne voulut faire aucune dépense pour l'amélioration, et c'est ainsi que peu à peu, malgré tout, les établissements tombèrent en discrédit. Le XVIIe siècle vit leur déclin et presque leur oubli absolu, et ce n'est qu'au siècle suivant qu'elles commencent à se relever et à gagner encore

une plus grande réputation qu'auparavant. C'est
aux Bordeu père et fils qu'en revient toute la gloire.
Ils sont les véritables bienfaiteurs de cette station
thermale comme le furent plus tard les docteurs
Darralde et Pidoux et le dernier Inspecteur, le
Dr Valery Meunier.

Donc, c'est Antoine de Bordeu qui, avec une
persévérance infatigable, commença à travailler pour
relever les Eaux-Bonnes. Comme la communauté
d'Aàs était dénuée de ressources, il s'adressa successivement à la grande Jurade d'Ossau et aux États
de Béarn. La Jurade accorda les secours qu'il sollici-
tait et par les ordres des États des travaux consi-
dérables furent exécutés pour l'aménagement des
sources. Enfin, le 20 juillet 1771 une ordonnance de
l'intendant de Navarre établit aux Eaux-Bonnes un
régime administratif et un service médical régulier.
Voici dans quel état pitoyable se trouvaient alors
ces thermes : « De quatre sources, écrivent Bordeu
et son ami Bergeron, il n'y en a qu'une en usage.
Elle est amenée du creux de la montagne par un
misérable tuyau de bois, long de 22 pieds. Quant
au logement, ajoute le Dr Labaig, on ne trouve ni
feu, ni lieu. Il n'y a que deux pauvres cabanes

remplies de mauvais lits, où l'homme le moins délicat
ne saurait se résoudre à coucher. Là, fort indécem-
ment et en toute liberté sont confondus pêle-mêle
les malades des deux sexes. Mais ce qui doit sur-
prendre davantage, c'est qu'on n'y trouve aucune
ressource pour y subsister : point d'auberge, point
de pourvoyeur. » Théophile Bordeu acheva l'œuvre
qu'avait commencée son père et se rendit célèbre
par les recherches qu'il fit sur les Eaux minérales.
C'est un personnage si remarquable dans l'histoire
des Eaux-Bonnes, qu'il vaut la peine de faire avec
lui une connaissance plus soigneuse.

Il naquit le 22 février 1722, commença ses études
à Paris ; il acheva à l'âge de 17 ans sa philosophie
aux Barnabites de Lescar. Alors, il fut envoyé à
Montpellier où il se distingua glorieusement sur ses
condisciples. Reçu docteur, Th. Bordeu vint se fixer
à Pau, mais Paris le vit bientôt briller au milieu des
médecins les plus en renom. Des recherches sur les
Eaux thermales lui furent confiées par les docteurs
les plus savants. Rentré à Paris, il publia plusieurs
ouvrages qui le firent accueillir avec enthousiasme
par la Faculté de Paris. Médecin de Louis XV, il vint
dans les Pyrénées rétablir sa santé altérée par l'excès

du travail. Mais bientôt il fut rappelé à Paris où il
mourut subitement le 24 décembre 1776. « Il fallait
que la mort le craignit bien, disaient ses amis,
puisqu'elle le prit endormi. » C'était un des plus
grands hommes que ce pays-ci ait vu naître. Les
services qu'il a rendus à l'humanité par ses recherches,
à une époque surtout où les ressources de la chimie
étaient fort incomplètes, indiquent sa persévérance
et prouvent que rien n'est étranger à un savant
observateur. « Th. Bordeu possédait deux qualités
précieuses dans l'exposition des sciences. Il écrivait
avec clarté et précision ; il possédait l'art difficile de
renfermer en quelques pages, ce que d'autres ne
peuvent dire qu'obscurément dans de gros volumes [1]. » Parmi les ouvrages de ce savant célèbre,
ce sont les *Lettres à Madame Sorberio* qui ont eu
une si grande influence pour les Eaux-Bonnes, que
quelques années plus tard il n'y avait point de
particulier qui ne les connût ; il y a des personnes
qui en ont toujours leur provision, elles se passe-
raient plutôt d'autres choses. De sorte que l'on en
trouve toujours surtout à Pau. On se les prête les

---

1. — Lettre du D[r] et au Dr B. — *Observateur des Pyrénées*, 1841, n° 224.

uns aux autres, mais on a grand soin de se les faire rendre ; on ne saurait se passer longtemps d'un bien aussi précieux [1]. Bordeu tâcha de mieux préciser la catégorie des malades qu'il fallait soigner par les Eaux-Bonnes et les employa le premier dans les traitements de la poitrine. En l'an III de la République, le Comité du Salut public envoya un délégué, Lomet, chargé de faire un rapport sur tous les établissements thermaux des Pyrénées. Voici comment s'exprime ce rapport : « Dans le département des Basses-Pyrénées se trouvent les Eaux-Bonnes, fameuses depuis plusieurs siècles et dont les vertus sont bien connues. Ces sources cependant recueillies de la façon la plus pitoyable, presque inaccessibles par l'état des sentiers qui y conduisent, sont actuellement au dernier degré d'altération et au moment d'être perdues pour la République. » En signalant ce triste état de choses, Lomet souleva contre la commune propriétaire une réprobation non moins violente que méritée. Le gouvernement ne se contenta plus de recourir, comme autrefois, à des mesures comminatoires. Et pour cause d'utilité

1. — **Rapport médical**

publique, il prit en main l'administration des eaux ; mais les événements qui se précipitèrent l'empêchèrent de réaliser ses bonnes intentions. La France ne devait pas trouver jusqu'au règne de Napoléon un instant de calme et de sécurité. Dans sa constante sollicitude pour ses compagnons d'armes, l'Empereur entreprit de faciliter l'exploitation des eaux de la vallée d'Ossau, convaincu que ses guerriers y trouveraient d'efficaces soulagements. Les Eaux-Bonnes comme vulnéraires attiraient particulièrement son attention. Parmi les besoins urgents dont ces thermes réclamaient la satisfaction, deux étaient au premier rang : l'établissement d'une route praticable et la construction de logements convenables pour recevoir les baigneurs. Napoléon décréta l'un et l'autre et les travaux commencèrent en l'an XII. Voici le contenu de ces décrets : « Il sera construit pour les bains des Eaux-Bonnes deux maisons. L'une sera affectée au logement des militaires qui reçoivent sans aucune rétribution le secours des eaux. L'autre sera donnée en location aux baigneurs et le produit des loyers sera employé à l'entretien de ces deux maisons et à l'établissement d'une communication entre les Eaux-Bonnes et les Eaux-

Chaudes. » De ces deux maisons l'une existe encore, on l'appelle la Maison du Gouvernement, ce qui dénote assez son origine. Plus que toute autre la vallée d'Ossau profita de ces travaux à cause du rapprochement des Eaux. Pour que tout fut plus vite fait, et que les projets fussent plus vite exécutés, on invita chaque commune à participer au travail. Le premier fonctionnaire du Département se rendit sur les lieux à plusieurs reprises. « Le citoyen Préfet est venu, écrivait-on de Laruns au journal de Pau ; il prêche l'exécution sans relâche du travail que réclame l'humanité. » Le vœu du Conseil Général, dit dans son rapport le marquis de Castellane, va être réalisé. La réorganisation du service, la surveillance de l'autorité et des officiers de santé, tout assure aux malades qu'ils trouveront dorénavant les objets de première nécessité. La création de trois bureaux pour distribution des eaux thermales, inspectées et surveillées, garantiront le public qu'on ne distribue plus que des eaux pures et de bonne qualité. »

De ce temps-là datent la véritable renaissance et la prospérité des Eaux-Bonnes. La Restauration trouva cette station thermale en bon état. Elle n'eut qu'à poursuivre l'œuvre si bien entreprise par le

Premier Empire. Les baigneurs commencèrent à affluer. Mieux instruite de ses intérêts, la commune d'Aàs entoura ses Eaux d'une incessante sollicitude. L'avenir brillant qui paraissait promis à l'exploitation de ces sources éveillait déjà la spéculation privée. En un mot, l'élan fut donné et les Eaux-Bonnes marchèrent sans relâche dans la voie du progrès. « Aux Eaux-Bonnes, écrit en 1820 Arbanère dans son Tableau des Pyrénées françaises, tout se ressent de la nouveauté de la création. Les maisons sont propres, élégantes, les promenades bien tracées. » La visite de grands personnages consacra bientôt la renommée toujours croissante de ces Thermes. Quand la duchesse d'Angoulême fut arrivée à Pau en 1823, les Ossalois lui envoyèrent une députation de six pasteurs. Ils vinrent dans leurs costumes traditionnels, la veste et la culotte de bure, les chausses de laine, la cape de cordelat, et les paroles qu'ils dirent à la duchesse ne manquent pas d'intérêt. « En apprenant la venue de la fille des rois, nous sommes descendus, empressés, de nos hautes montagnes. Dans notre simplicité, nous sommes heureux d'offrir à Votre Grandeur un de ces fromages que le bon Henri voulut bien accepter d'un de nos ancêtres. La mémoire du cœur ne meurt pas. Comme lui, agréez cet hommage, daignez aussi nous aimer comme lui. Oh, si notre princesse ne s'effrayait pas trop à la pensée de venir nous voir ! Si elle voulait flatter d'un regard protecteur ces Eaux qui soulagent bien de douleurs et de maux, comme nous serions fiers d'une telle faveur ! Pour la recevoir, nous n'étalerions ni éclat, ni richesse, mais elle nous ferait heureux et nos cœurs reconnaissants sauraient bien le lui rendre. » La duchesse d'Angoulême exauça les vœux des Ossalois et alla visiter les Eaux. Cinq ans plus tard, on vit arriver la duchesse de Berry qui avait même mis le béret et la ceinture rouge que portent les habitants. L'Établissement et les cascades attirèrent son attention, mais surtout elle fut frappée de la vue de la grotte. Le *Mémorial des Pyrénées* en a gardé la description suivante : « Il faudrait ici le pinceau du Tasse ou de l'Arioste pour peindre ce tableau tout-à-fait magique. Qu'on se figure un vaste palais tout-à-fait souterrain, dont l'œil cherche en vain à mesurer la profondeur. Des infiltrations séculaires y ont donné naissance à des stalactites, qui ont pris les formes les plus singulières et les plus variées. Ce sont : ici

des colonnes, des chapiteaux et mille figures fantas-
ques et bizarres qui se détachent de la voûte ; là, des
niches, des autels, des statues placées sur leur piédes-
tal. Qu'on ajoute à ce tableau le grondement d'un
torrent qui se précipite au fond de la grotte, l'effet
que devait produire sur ces brillantes cristallisations
l'éclat éblouissant de mille pots à feu et l'on aura
peut-être une légère idée du spectacle ravissant qui
longtemps arrêta les pas de Madame. »

Quoique à pas lents, la prospérité des Eaux-Bonnes grandissait de jour en jour. Le manque de ressources pour certaines améliorations devait nécessairement se faire ressentir ; et c'était déjà beaucoup
qu'on mit de la bonne volonté pour faire ce qui
était possible. Il ne faut pas oublier que le revenu
des Eaux ne présentait qu'une très petite somme,
si on pense que le fermier, en 1838, ne payait à la
commune d'Aàs que 8.100 fr. et que le droit de
boisson était fixé à 20 centimes par jour, on ne sera
pas étonné qu'en 1842 le budget de l'Établissement
thermal fit involontairement naître la question comment avec des moyens aussi restreints on pouvait
entreprendre quoi que ce soit. Qu'on juge si je n'ai
pas raison.

REVENUS		DÉPENSES	
Ferme des sources et bains	12.900	Contributions	1.160
Ferme du salon de l'Etablissement	590	Traitement du médecin	1.000
Vente des arbres abattus.	150	Commissaire de police	500
	13.640	Salaire des baigneurs	1.000
		Fourniture du bois, assurance, entretien des reverbères	300
		Entretien des promenades	600
		Secours à la commune d'Aàs	2.000
		Supplément au curé d'Aàs	100
		Garde-champêtre	300
		Garde-champêtre supplémentaire	175
		Souscription à la Promenade Horizontale	300
		Réparations diverses	5.600
		Intérêt des sommes dues pour la construction de l'Etablissement	600
			13.635

On voit bien que si la commune voulait faire seulement une dépense de 10 fr. de plus, elle se trouverait en déficit. La bonne fortune a bien voulu lui venir en aide. Avec des sympathies qui tenaient de l'enthousiasme, quelques généreux baigneurs entreprirent à leurs frais le réseau des promenades qui entourent en ce moment les Eaux-Bonnes. C'est ici qu'il faut donner la première place parmi bien d'autres, aux noms de Grammont, d'Eynard, du général Jacqueminot et de Moreau, auxquels les Eaux-Bonnes doivent la belle Promenade Horizontale dont elles peuvent être bien fières et qu'envient tous les établissements thermaux. Cette promenade bien difficile à exécuter est incontestablement une création des plus remarquables qui aient été faites aux Eaux-Bonnes. Nous apprenons par un journal de ce temps, que l'idée de tracer cette route eut un grand succès. « La faveur populaire, dit le *Mémorial,* souvent capricieuse, inconséquente et aveugle, a excité de nombreuses sympathies. On se dispute, on s'arrache la liste de souscription incessamment couverte de signatures et jusqu'à deux ou trois fois plusieurs enthousiastes sont venus augmenter successivement leur première offrande et les sommes recueillies s'élèvent à un chiffre inespéré. » Mais ce n'est pas tout ! La poésie a voulu prêter ses accents à l'œuvre naissante et elle a renouvelé ses fabuleux prodiges en aidant à élever les murs, à percer les rochers, à niveler les montagnes. Voici les quelques strophes qu'on a fait afficher à l'entrée du nouveau chemin :

Passant donne l'aumône à celle qui t'implore
A moi dont le berceau de rochers entouré
Sans paraître au grand jour, serait peut-être encore
Pendant des siècles demeuré.

De nobles voyageurs devinant mon mystère
Vers mon secret asile ont dirigé leurs pas
Et, prenant en pitié la pauvre solitaire,
M'ont dit : parmi nous tu vivras.
Hélas ! je le sais bien ! je suis faible et petite
Depuis peu je suis née. Ah, je respire enfin !
Passant ! pour que je marche et plus loin et plus vite
Daigne à l'enfant tendre la main.
Oh ! laisse-toi fléchir ! que mon humble prière
Ami, trouve un écho dans ton cœur généreux
Va, dérobe une obole à ta riche aumônière
Il est doux de faire un heureux.
Donne ! donne ! tu peux croire à ma gratitude
Soutiens par ton argent mon courage abattu
Donne, donne toujours sans nulle inquiétude
Un bienfait n'est jamais perdu
Aussi pour tes plaisirs je me ferai coquette
Tu pourras sans gravir te promener le soir
Et des rameaux touffus, j'ombragerai ta tête,
Lorsque tu viendras pour me voir
Charitable passant ! C'est en toi que j'espère
Et ne va pas tromper mon espoir confiant
Protège donc mes jours, dote-moi, sois mon frère
Et je t'aimerai d'un cœur d'enfant.

Je pourrais m'arrêter ici, car il n'y a plus rien
de curieux à relever. Le progrès continue paisiblement son chemin ; les travaux des savants font
mieux ressortir la vertu des Eaux pour les malades,
dont la quantité s'augmente tous les ans. Le pays

devient plus riche et naturellement à leur tour ceux de qui il dépend emploient tous les moyens pour embellir la station. J'ai déjà parlé du Casino. Cette construction est digne de toute admiration, et j'ai appris que son architecte, M. Henri Geisse, avait obtenu un prix d'honneur à Paris. On visiterait non sans profit le Musée, dont les principales pièces ont été achetées au célèbre pasteur botaniste Gaston Sacaze, ainsi que la collection de M. Laborde à la salle de l'école. On y verra plus de 1700 différentes espèces de plantes des Pyrénées, 400 échantillons de minéraux, plusieurs centaines de coquilles fossiles des divers terrains Pyrénéens, de nombreuses espèces d'oiseaux et de quadrupèdes, comme le blaireau, la fouine, le putois, la martre, la belette et beaucoup d'autres.

L'Église est très belle, richement décorée. L'antique statue de la Vierge est en argent, montée sur émail. Par curiosité, il faut nommer aussi l'élégante villa Excelsior. Son cachet original attire involontairement l'attention, et si on y entre, on y trouve tout un musée et un véritable jardin d'acclimatation, car il contient toutes les plantes qui poussent dans les montagnes sur les différentes hauteurs.

Je ne dois pas oublier de noter un livre très utile

pour celui qui voudrait faire des excursions aux
environs des Eaux-Bonnes. Ce Guide des Eaux-
Bonnes, écrit par le Comte de Bouillé sous le pseudo-
nyme de Jam, fournira des renseignements précieux
sur toutes les promenades à faire et indiquera jusqu'aux moindres détails ce qu'il y a à voir de plus
intéressant dans chaque endroit. On remarque de
suite que l'auteur de cet ouvrage est un amateur
des montagnes, qu'il les connaît à fond, ayant
étudié leur faune et flore, ainsi que leur constitution géologique. Pendant mon travail j'avais besoin
mainte fois de consulter sa grande expérience qui
m'a rendu de véritables services, comme du reste
cela arrivera à quiconque voudra jeter un coup d'œil
sur ce volume instructif.

En quittant à présent les Eaux-Bonnes, car plus
loin nous parlerons de toute la vallée d'Ossau, je ne
puis m'empêcher de dire : Honneur, hommage à
vous, Eaux miraculeuses ! Vraiment vous êtes
l'orgueil et le joyau précieux des Pyrénées! Que de
monde vous voyez passer devant vous ! Que d'exis-
tences diverses se croisent sur vos sentiers !

C'est que vous possédez le mystère de guérir les
souffrances ! C'est que vos montagnes recèlent de ces

harmonies divines, que l'amant de la nature se plaît à interroger ! C'est que dans vos pittoresques solitudes il est de délicieux ombrages qui se prêtent admirablement aux rêveries du cœur chagriné, aux inspirations du poète, aux graves réflexions de la philosophie !

LA CASCADE DU GROS HÊTRE

III

IL faut avouer que la vallée d'Ossau dût être considérée comme l'endroit le plus charmant des Pyrénées, ainsi que l'ensemble de celles-ci est le pays le plus remarquable de la France. Originalité dans le caractère, le costume, la langue des habitants ; sites pittoresques tour à tour riants et sévères, gracieux et sombres ; contrastes sublimes et charmants, rien ne manque à cette vallée ; tous les trésors enrichissent ces lieux célèbres. Les traces de l'homme préhistorique, les monuments des époques plus récentes, mais encore cachés de l'histoire précise par les ténèbres des siècles, tous ces souvenirs vagues de la vie intéressante de nos ancêtres qui trouvèrent leur reflet dans la poésie naïve des Ossalois, attireront involontairement l'attention du cœur le plus froid. Un frisson parcourt le corps, un sentiment inconscient d'admiration et de respect religieux envahit profondément l'âme lorsqu'on pénètre dans les cavernes, ces habitations primitives de nos premiers ancêtres, ou que l'on se trouve au milieu des dolmens druidiques, ou que l'on questionne silencieusement les cromlecks et les pierres mobiles, ces Béthels si respectés en Orient. Comment donc ne pas être impressionné devant ces témoins vivants et morts à la fois, éloquents et muets !

Là se passa la vie comme la nôtre, là ont aimé, ont souffert, ont espéré nos pères, nous ayant laissé un héritage bien riche et bien instructif. Mais quelle pensée puissante pourra éclairer les ténèbres qui enveloppent d'un manteau impénétrable les siècles perdus dans l'éternité ? Qui nous dira d'où sont venus ces dieux maintenant oubliés, mais qui faisaient trembler nos aïeux, et qui nous expliquera quelle est l'origine primitive de ces braves Ossalois, de ces maîtres si hospitaliers de la charmante vallée d'Ossau ? Certainement l'humanité n'eut d'abord qu'un seul berceau commun, d'où les enfants se dispersèrent peu à peu, de différents côtés, emportant avec eux leurs croyances, leurs mœurs, leurs usages, en un mot toutes les habitudes de leur vie. Leur nouveau milieu et le temps tout puissant leur ont fait oublier l'ancienne demeure, ont effacé les souvenirs et les traces de l'existence d'autrefois. Mais dans le *nouveau* se refléta le *vieux*, perdant cependant tous les jours sa première intensité, se brisant de plus en plus et au bout d'un certain temps, du grandiose édifice ancien, il ne resta que des ruines, que des éclats, à l'aide desquels il est bien difficile quelquefois de tracer le plan de la création primitive. A ce sujet, je me rappelle un des hymnes du poète Callimaque, dans lequel Diane adresse la prière suivante à Jupiter : « Accorde, ô mon père, accorde à ta fille de rester toujours vierge et de *porter assez de noms divers* pour que Phœbus ne puisse à cet égard l'emporter sur moi. » L'histoire des religions nous certifie que les mythologiens ont trouvé plus de cent noms divers donnés à Diane dans les Pyrénées. Nous la trouvons tantôt sous le nom d'Ardourira, tantôt de Regina (Regina undorum et nemorum). Aucune partie de la Gaule n'a offert autant que le bassin pyrénéen des traces du polythéisme. Aucune ne présente encore autant de restes de vieilles croyances, les unes Aquitaniques ou Celtiques, les autres Hispaniques ou Ibériques. Une cosmogonie ibérienne seule pourra dévoiler tous les mystères des vieux cultes des populations de ces montagnes et jeter la lumière sur l'origine des Ossalois. Ces derniers sont, d'après moi, l'ensemble de plusieurs peuples venus dans l'Aquitaine. D'après les anciens écrivains, les Ossalois seraient une peuplade gauloise qui pendant l'invasion des Romains se réfugia dans les montagnes arrachant ainsi à l'influence étrangère leur indépendance, leurs mœurs et leur langue. Jules César (De bello Gallico) attribue aussi aux Ossalois, qu'il nomme Osquidates montani, l'origine Celtique. Certainement les Celtes furent les peuples les plus anciens de l'Aquitaine. Leur nom se mêle même à plusieurs mythes religieux, ce qui prouve assez leur ancienneté. Diodore raconte qu'Hercule construisit dans la Gaule des murs cédant à la beauté de la fille d'un roi des Celtes. Le nom même des Pyrénées, comme nous le verrons plus loin, nous rappelle le temps d'un souverain celtique, Bébrix, et ce n'est pas un témoignage vague que presque tous les écrivains joignent l'épithète de *Vieux,* d'*Anciens* au nom des Celtes. Xenophon dit : *Celtæ veteres,* Sivius écrit *Umbri Gallorum veterum propago,* ainsi qu'Isidore de Séville, *Umbri Italiæ gens est, sed Gallorum veterum propago.* En réunissant les témoignages de Diodore de Sicile (lib. V.) et Silius Italicus (Punic., lib. III), on voit qu'il n'est presque aucune partie de l'ancien monde où les Celtes n'aient laissé quelques traces de leur séjour dans les noms des villes, des fleuves, des lacs et des montagnes, et que partout où les Phéniciens et les autres peuples-nomades sont entrés, ils ont trouvé des Celtes ou Gaulois déjà établis. Cette race Indo-Européenne fut l'une des premières qui se détacha du tronc principal. Suivant César (De bello Gallico, lib. VI), les Gaulois affirmaient que leur origine était divine et qu'ils descendaient de Pluton. C'est pour cela qu'ils mesuraient le temps par le nombre de nuits et non par celui des jours. (Galli se omnes ab Dite patre prognatos prœdicant ; idque ab Druidibus proditum dicunt : ob eam causam spatia omnis temporis, non numero dierum sed noctium finiunt, et dies natales et mensium et annorum initia sic observant, ut noctem dies subsequatur). La religion druidique fut une des plus sublimes créations de l'enfance des sociétés. Fondée sur la nature, sur l'histoire des éléments, sur le sentiment admiratif qu'inspire la vue des merveilles de l'univers, elle reconnut un grand Être supérieur à tout ce qui existe. Elle annonça l'immortalité de l'âme et la félicité éternelle pour ceux qui auraient toujours honoré les dieux et combattu avec vaillance. Diodore de Sicile raconte que les Celtes ne redoutaient pas la perte de la vie, parce qu'ils croyaient que les âmes sont immortelles et qu'après un certain temps elles revenaient animer de nouveaux corps.

« Les Gaulois, dit Valère Maxime, avaient coutume de prêter de l'argent dont ils ne devaient demander le paiement que dans l'autre monde, parce qu'ils étaient persuadés de l'immortalité de l'âme. » Doués d'un esprit élevé, les Druides, écrit Ammien Marcellin, s'élevèrent jusqu'aux connaissances les plus sublimes et regardant avec mépris les choses humaines, annoncèrent l'immortalité de l'âme. Ce sont surtout les forêts qui furent l'objet d'une vénération particulière des Celtes. Les masses imposantes

des Pyrénées, les amas d'eau produisirent sans doute
une grande influence sur eux, puisque nous retrouvons de différents dieux auxquels ces endroits furent
consacrés ; *Esus* (ou Haesus) le dieu suprême des
Celtes était vénéré sous la forme d'un chêne aux
rameaux élancés. D'après tous les commentaires, ce
dieu était pour les Celtes ce que Mars était pour les
Romains, et ce serait ce dieu que César aurait montré
en disant : Martem bello regere (lib. VI : De bello
Gallico). Le nom de Haesus (Esus) a été considéré
comme indiquant qu'il présidait la guerre et l'on sait
que des sacrifices humains lui furent offerts bien
souvent.

La traduction du nom de Haesus signifie horreur,
effroyable (Inde Haesus ab horrore sic dictus quoniam
res horrida horrorem incutit spectatoris, quasi quod
oculus doleat horridu intueri [1]).

Le nom même de Druides, de ces prêtres puissants
des Celtes, ne signifie autre chose que *celui qui
habite le chêne*. Le nom *Saronides* que les Grecs don-
naient aux Druides a le même sens, car saronis en
grec veut dire le chêne creux (Diodore de Sicile, lib. V).

---

1. — LATOUR D'AUVERGNE : *Origines gauloises.*

Pline a décrit l'une des plus augustes cérémonies religieuses des Celtes, la cueillette du gui de chêne. C'était, comme on le sait, avec des feuilles de cet arbre qu'étaient formées les couronnes placées sur la tête de ces prêtres.

Tout ce qui naissait sur cet arbre était considéré comme un don du Ciel. La fête devait toujours avoir lieu le sixième jour de la néoménie ou de la nouvelle lune, époque solennelle du commencement de leur siècle de trente années et de celui de leur mois. Deux taureaux blancs, dont les cornes étaient liées pour la première fois, étaient amenés. Le chef des Druides vêtu de blanc coupait le gui avec une faucille d'or et on recevait la plante dans un sac blanc. L'eau dans laquelle on le faisait tremper rendait les animaux féconds et dissipait toutes sortes de poisons et de maladies. Ensuite, on immolait les deux taureaux et tous les assistants faisaient leurs prières suivies d'un repas. Lucain raconte que les Celtes, outre le dieu Haesus, avaient plusieurs autres divinités auxquelles on consacrait tantôt les lacs, tantôt les sommets des montagnes, tantôt un autre endroit remarquable. Ainsi, Mercure était adoré sous le nom de Theutates qui signifie Père du Peuple.

Le troisième dieu cité par Lucain fut Taranis, ce qui veut dire *celui qui dispose de la foudre*. Il n'est pas difficile de reconnaître le deuxième dieu des Romains, Jupiter, ou le Zeus des Grecs. Cela nous amènerait trop loin, si nous voulions parler de tous les dieux de ce peuple intéressant. Je me contenterai d'ajouter que Diane, Cérès, ainsi que la blonde Vénus trouvèrent leur place dans le culte druidique et que des prêtresses spéciales furent attachées à leur service. Ces Druidesses, qui selon Pomponius Mela étaient perpetua Virginate Sanctæ, (De situ orbis, lib. III) exerçaient une grande influence sur le peuple. Elles prédisaient l'avenir, apaisaient les orages, enfin étaient initiées à tous les mystères de la nature. Leur souvenir leur a survécu et leurs traits principaux nous les retrouverons plus tard dans la puissance infernale des *Brouches,* ces fées si redoutées des Pyrénées.

J'ai déjà dit que les forêts, les lacs, les hauteurs, en un mot chaque endroit qui frappait l'attention avait son dieu spécial. Cependant le culte des forêts et des lacs fut développé davantage et c'est surtout le chêne ou le hêtre *(fagus,* en latin) que les Celtes regardaient comme un arbre sacré. Peu à peu, ce qui arrive toujours, les qualités de la divinité furent transportées sur l'objet qui lui était consacré et le dieu lui-même reçut à la fin le nom de cet objet. Une inscription trouvée dans un village des Pyrénées le prouve d'une manière très ostensible.

Cette inscription est gravée sur une pierre et porte les mots suivants :

FAGO DEO

POMPEIA

C FILIA

V. S. L. M.

Au dieu Fagus, Pompeia, fille de Caius, a volontairement acquitté son vœu.

Des fouilles pratiquées dans l'endroit de la première découverte permirent de trouver encore plusieurs autels dont deux portent ce qui suit :

FAGO

DEO

BONXUS

TAURINI

Sur le second, ces quatre lignes :

FAGO

DEO

JUSTUS

V. S. L. M.

Ainsi, nous voyons facilement que les arbres ont pris eux-mêmes une place parmi les dieux, et plus tard, la religion Chrétienne, ayant vaincu le paganisme, fit oublier les noms des divinités anciennes, impuissante cependant à effacer tout le souvenir de leur puissance. La tradition consacra en quelque sorte tous ces lieux, tous ces objets vénérés du culte disparu et dans des récits poétiques immortalisa leur existence. Nous aurons la possibilité de nous convaincre de ce que je viens de dire et je tâcherai de démontrer sous quelles formes ont passé dans les mœurs et les superstitions des Ossalois les croyances religieuses et les pratiques de leurs ancêtres. Ainsi que les forêts qu'on regardait comme la demeure du tout puissant et effrayant Haesus, les amas d'eau à la transparence bleuâtre et réflétant les feux du ciel furent pour les Celtes le séjour sacré des divinités protectrices. Dans la première ferveur de ce culte, l'or fut offert aux lacs sacrés. Strabon (Geogr., lib. IV) nous fait connaître une superstition gauloise relative *au lac des deux Corbeaux*. Son nom provient de ces deux oiseaux aux ailes blanchâtres qui l'avaient choisi pour demeure. On venait en ce lieu pour obtenir une réponse définitive sur des questions difficiles et les corbeaux, par la manière dont ils acceptaient les offrandes, décidaient des différents qui leur étaient présentés. Des mythes plus ou moins intéressants et des pratiques religieuses s'attachent à presque tous les lacs des Pyrénées, et dans une de ces légendes nous retrouverons la fable si connue de Philémon et Baucis dont le sujet a été pris par Ovide d'un mythe antique. Nous verrons que la superstition très répandue interdit de jeter des pierres dans certains bassins d'eau et d'élever la voix sous peine d'avoir un grand malheur.

Olhagaray écrit qu'il y a des lacs qui sont des nourriciers de flammes, de feu et de tonnerre et cite en exemple qu'à la suite d'une fête, les assistants oubliant les précautions nécessaires, laissèrent tomber plusieurs pierres dans le lac et qu'aussitôt un violent orage éclata et une pluie mêlée de pierres tua plusieurs d'entre eux. Les sommets des montagnes inspirent encore une crainte superstitieuse. C'est là que se trouve la demeure des génies puissants et malheur à celui qui les offensera par des *paroles déshonnêtes,* en signe de son mépris. *L'homme noir,* disent les bergers, ne tardera pas à le punir. Qu'on me pardonne de m'être éloigné de mon but primitif qui était de démontrer l'origine des Ossalois. J'ai entrepris exprès ce petit voyage au pays des *vieux Celtes* pour que nous puissions mieux comprendre la source mystérieuse de ces légendes et de ces croyances populaires qui forment l'héritage bien précieux légué à nos montagnards par leurs aïeux disparus. Nous avons vu que les Celtes étaient les plus anciens habitants des Pyrénées, mais cela ne prouve pas qu'il n'y en avait pas d'autres avant eux et par conséquent l'origine des Ossalois doit se rapporter aux temps encore beaucoup plus reculés que l'époque celtique. En effet, il ne reste plus aucun doute et c'est un fait bien établi que les Basques furent les premiers colons de toute l'Europe, qui venus de l'Orient laissèrent des traces très visibles de leur passage et de leur existence dans la contrée dont nous parlons. Tâchons donc de le démontrer.

LE KIOSQUE DU JARDIN DARRALDE

IV

ÉCRITURE SAINTE rapporte qu'après le déluge, dès que le monde fut peuplé par les enfants de Noé, il dut être partagé en trois parties égales. A Sem revient l'Asie (mot basque : Asia, pays abondant), à Cham, la Babylonie et l'Afrique, à Japhet, une partie de l'Asie septentrionale avec toute l'Europe. La Bible nous parle aussi d'une tour de Babel ou mothel (tour de bégaiement en basque) où la seule langue alors existante fut partagée en soixante-douze branches dissemblables et ajoute que la dispersion des descendants de Noé se fit après la confusion de la langue primitive. Cependant, il est bien possible que la colonie qui partit pour l'Europe occidentale fut sortie avant la confusion et eut conservé sa langue primitive. Les écrivains sont presque tous d'accord que cette arrivée doit se rapporter à l'âge 535 après le déluge. Nous trouvons dans les divers voyages des patriarches et dans la célèbre marche des Israélites les noms des villes, des montagnes et des provinces qui sont tous basques, ce qui prouve que cette langue existait au moins avant leur émigration. Les descendants de Japhet étant partis d'Orient (*Genèse,* chapitre 10), trouvèrent une plaine dans le pays de Sennear où ils se fixèrent. De là, ils se répandirent à mesure que leur nombre s'accrut, les uns au Nord-Ouest, les autres à l'Ouest dans les montagnes d'Arménie ; une colonne partit tout-à-fait au Nord vers la Roumanie, la Tartarie, Moldovie, Valachie et enfin la Bosnie qui portent tous des noms basques. Quelques-uns allèrent vers le Volga (en basque : célèbre), Duine (celle qui a), Tanais (suis-je) et pénétrèrent même en Suède, dont la nomination provenant des mots basques : su (feu) et écia (vert), veut dire le pays froid. La langue des Finnois qui garde une extrême ressemblance avec le basque : le nom même de Finlande (Fin-Landa : dernière lande) sont des témoins éloquents du séjour des Basques dans ces contrées. Norvège (Nor-Beraegra : partagé

par qui ?), Danemark ou plutôt Denemarca (Dena :
toute, et Marca : lisière), ce qui signifie un royaume
qui est lisière de tous côtés, tout cela nous prouve
que les descendants de Japhet prirent la route de
l'Ouest et qu'ils devaient être nécessairement Basques
puisque les provinces, les rivières, les contrées où ces
colonies ont passé, ont leurs noms significatifs. Par
conséquent, la langue basque comme langue des
premiers colons, doit être la première de toute
l'Europe. Plusieurs écrivains anciens, ainsi que des
modernes, prétendent que les descendants de Japhet
se fixèrent d'abord au milieu des montagnes du
Caucase dans la partie supérieure de l'ancienne
Arménie (en basque : à la portée de la main), mais
que plus tard le cinquième fils de Japhet, Thobal,
partit en Espagne où sa postérité fut connue sous le
nom de Thobeliens (selon Ptolomée) ou Ibériens
(peuple riverain). Hérodote les place à l'extrémité de
l'Espagne ; Ephore, disciple d'Isocrate, qui a partagé
toute la terre en quatre parties, leur fait occuper tout
l'Occident de l'Europe ; Pline et Strabon dans le
Portugal actuel et enfin Orthelie dans tout le pays de
l'Europe. Selon toute probabilité, les premiers colons
venus *du Nord* peuplèrent la Gaule avant de se

répandre en Espagne. Admettant même que Thobal ait occupé les plaines de l'Espagne en même temps que ses compatriotes entreprirent l'émigration dans une autre direction, rien ne nous empêche de supposer et d'être presque sûrs que les premiers habitants de la vallée d'Ossau furent des Basques, étant donné qu'il n'y avait qu'une seule langue et un seul peuple à cette première époque. Une sécheresse extraordinaire força bientôt les peuples de l'Espagne d'émigrer vers le Nord et de passer la chaîne des montagnes où ils s'unirent aux peuplades venues avant eux dans ces parages. Certains écrivains leur donnent le nom de Zaldibériens, nation qui habite un pays abondant en beaux chevaux.

Remarquons à ce propos une coïncidence frappante : l'endroit qui se trouve à côté de la vallée d'Ossau s'appelle la vallée d'Aspe, vallée de chevaux, provenant de l'ancien mot persan : asp (cheval). L'izard, ce nom de l'hôte timide des monts neigeux tient de l'hébreu, où *iz* veut dire chèvre. Comme nous savons que dans la langue basque il n'y a pas mal de mots persans et hébreux, nous en devons conclure nécessairement que les Basques ont habité la vallée d'Ossau. Selon le témoignage d'Aristote et de Diodore de

Sicile, la sécheresse dont nous venons de parler dura pendant 26 ans. La terre s'ouvrit en plusieurs endroits et les hommes se voyaient perdus. Peut-être que cet événement fut occasionné par de grands incendies, arrivés sur les Pyrénées, et auxquels ces montagnes doivent leur nom (Aristote). Nous verrons plus tard que ces incendies ont laissé leurs traces bien marquées ; et c'est pourquoi j'ai voulu constater ce fait parfaitement établi par la science.

Le mythe de Phaëton doit son origine à une cause semblable et qui eut lieu à la même époque. C'est aussi vers ce temps et sous le règne de Jao que, d'après les chroniques chinoises, de nombreux incendies arrivèrent en Chine ; on y croyait même à un embrasement universel, le soleil étant resté plus longtemps qu'à l'ordinaire sur l'horizon.

Vingt ans avant la fondation de Rome arrivèrent sur leurs barques les Phéniciens, amenés par la cupidité, ayant entendu dire que le pays était très riche. Lorsque nous parlerons de l'archéologie de la vallée d'Ossau, nous pourrons nous persuader que les vestiges de ces marins intrépides se voient encore à présent.

J'ai lu dans un journal local que pendant une

fête à Laruns, un étranger, grec d'origine, regardant danser les Ossalois, se mêla tout-à-coup avec eux et continua la danse avec les montagnards étonnés. Cette danse nationale d'Ossau ne présentait qu'une copie de la danse ancienne d'Ellade. C'est si éloquent qu'on n'a pas besoin de commentaires. On serait peut-être aussi surpris de trouver parmi les monuments ossalois les hiéroglyphes égyptiens; cependant M. de Paravey, dans son *Étude de la Vallée d'Ossau,* nous les montre bien facilement. En un mot, une foule de peuples célèbres ont laissé leurs traces dans ces belles contrées. Les anciens historiens nous apprennent que les peuples venus de l'Espagne et ceux qu'ils trouvèrent au-delà des Pyrénées, après des luttes terribles, résolurent de faire une paix éternelle, dont la première condition fut que les uns et les autres ne formeraient plus qu'une seule nation. Plus tard, cette nation s'acquit une gloire immortelle par la longue résistance qu'elle opposa aux Romains, du temps desquels nous trouvons déjà neuf noms différents de ces peuples associés (Novempopuli de César). Unis par César à l'empire romain, ils furent quatre siècles après dévastés par les Vendales et séparés de l'empire par les Goths qui les réunirent à leur monarchie. Au commencement du vi^e siècle, ils tombèrent entre les mains de Clovis, vainqueur des Goths et roi des Francs ; mais sous les faibles descendants de ce prince, ils eurent pendant deux siècles des guerres avec les souverains de France et la Gascogne en fut le théâtre. Au milieu du viiie siècle, les Sarrazins entrèrent en Béarn. Les montagnes gardent encore les traces funestes de leur terrible passage. Plus tard, ce furent les Normands qui, encore avec une plus grande férocité, dévastèrent complètement ces contrées paisibles. Habitants du Danemark et de la Norvège, les Normands étaient les descendants de ces anciens Scythes qui, sous le nom de Vendales et de Goths, avaient renversé l'empire romain. Leurs ancêtres avaient conquis la terre, les Normands s'emparèrent de la mer. Ils la couvrirent de radeaux sur lesquels ils pouvaient facilement s'approcher des côtes et tenter des descentes. Familiarisés avec le spectacle d'une mer toujours orageuse, toujours placés entre le danger d'un naufrage et les horreurs de la famine, ils étaient sans pitié comme sans crainte. Combattre, pour eux, c'était un plaisir. Celui qui n'est jamais blessé, disaient-ils, vit dans l'ennui et le lâche ne fait jamais l'usage de son cœur. Leur

férocité naturelle était encore exaltée par leur fana-
tisme religieux : le ciel récompensera celui qui tom-
bera le premier sur le champ de bataille. Cette invasion des Normands fut funeste pour le Béarn. Le pays
qui florissait auparavant, commença à ressembler à
un désert ; ce coup fut en quelque sorte mortel et ses
conséquences ne tardèrent pas à le prouver. Dès
qu'une contrée cesse d'être peuplée, on voit des
arbres et des buissons croître dans les terres incultes
et former insensiblement de vastes forêts. L'Italie,
autrefois cultivée, était au Xe siècle couverte de bois
et le Béarn présentait le même aspect à la même
époque. Tous les anciens noms des lieux semblent
l'attester, tels que Silva Lata, Subola, Silva Bona et
enfin la nomination de l'objet de nos études, de la
vallée d'Ossau (Ossaz) *ursus saltus,* l'habitation de
l'ours.

Ici je dois raconter une légende qui explique d'une
autre manière l'origine du nom *Ossau.* Selon la tradition, ce nom était celui d'un pasteur nommé Ossau
qui serait venu habiter la vallée le premier et dont
les descendants existent encore. En effet, à un quart
de lieue de Laruns, sur la rive droite du Gave, se
trouve une maison où l'archéologue trouverait sans

doute les traces d'une antiquité des plus reculées. Cette maison porte le nom d'Ossau.

Par un heureux hasard, un paysan labourant la terre, découvrit un caveau situé à une très petite distance de cette habitation. Un squelette, d'une grandeur moyenne, dont les dents étaient parfaitement conservées, s'y trouvait sous la grande dalle calcaire ; continuant les fouilles, on a encore déterré sept squelettes ayant tous des rangées de dents d'une blancheur éblouissante. Cinq gros éperons en fer et une épée du même métal usée par la rouille en furent retirés. Qui pourra résoudre cette énigme et dire si on se trouve en présence d'un cimetière ou d'un caveau réservé à la famille.

Voici tout ce qu'on a pu recueillir du dernier descendant du fameux pasteur que la légende locale établit comme premier colonisateur de la vallée. « Mon aïeul, dit-il, était d'Asno, premier village d'Espagne, sur le port de Lescun. Il vint habiter cette vallée à laquelle il donna son nom ; sur la place où s'élève maintenant ma maison, fut bâtie jadis sa cabane. Lorsqu'il vit que ses affaires prospéraient, il appela auprès de lui quelques membres de sa famille qui étaient pasteurs comme lui. Alors la cabane fut érigée en maison et la vallée vit pour la première fois et une construction d'homme et une famille. Le Gave qui coule aujourd'hui paisiblement au milieu de la vallée et la rend fertile, avait alors une direction souterraine. Un antre béant existait à la côte Hourat et de là les eaux descendues des montagnes se rendaient par un canal souterrain à Buzy et plus loin à Néez. Je sais qu'à une époque où la fille du château s'était mariée avec un de mes aïeux, une grande inondation submergea la vallée entière, au point que notre maison fut noyée ainsi qu'une petite église et quelques habitations construites aux alentours. C'est donc à cette époque que le trou de Hourat se serait comblé, que le Gave coula dans la direction actuelle et que l'église et le cimetière d'Ossau furent submergés. » Une observation qui me paraît de quelque intérêt doit être ajoutée à cette tradition : c'est que, entre les Eaux-Chaudes et Hourat, un lac a dû exister car on peut voir dans la gorge de Hourat, pratiquée par la main de l'homme, des galets attachés à la roche vive, preuve que le lit du lac était à ce niveau et que la gorge qui donne passage au Gave d'Ossau n'existait point. Ainsi, on aurait raison de croire que l'inondation dont le descendant d'Ossau nous parle, pourrait avoir été produite par une catastrophe qui, ayant fissuré, fendu la roche vive de Hourat, par là donna l'écoulement aux eaux du lac préexistant. En tout cas, l'assertion de notre Ossalois concernant le canal souterrain, coïncide avec celle de plusieurs savants géologues qui ont exploité ce pays. Si même la légende du pasteur fondateur nous paraît vraisemblable, il est complètement impossible d'expliquer de cette façon bien singulière l'étymologie du mot Ossau. Admettant que les premiers habitants de la vallée étaient des Basques, c'est dans leur langue que nous devons chercher la racine et l'origine de ce nom, que plusieurs écrivains soit anciens, soit modernes, font dériver comme nous l'avons vu de la nomination latine : *Ursus saltus*. Mon opinion ou plutôt l'hypothèse que je viens d'exposer trouve heureusement un appui précieux dans l'ouvrage de M. Luchaire, professeur d'histoire au Lycée de Pau. Voilà ce qu'il dit sur *l'étymologie du nom d'Ossau :*

« La vallée d'Ossau est l'antique pays des Oscidates ou Osquidates montani, mentionné par Pline le naturaliste. Ceux qui font de l'étymologie à priori, s'empresseraient de trouver un rapport entre Ossau et Osquidates. Cependant, tout au plus pourrait-on rapprocher d'Osquidates un certain radical *osq* ou *usq* commun à plusieurs noms de montagnes pyrénéennes, comme par exemple Osqua — ancien nom de la montagne de Laruns, appelée aujourd'hui Aulion.

» Z — oseo — montagne des environs de Sainte-Engrâce.

» Z — usque — montagne de Laruns. »

A coup sûr Ossau, dont la forme primitive est Orsal (1170), n'a rien de commun au point de vue linguistique avec Osquidate. D'ailleurs la limite extrême du vic d'Ossau n'a jamais dépassé au nord Rébénacq et Buzy, tandis que les Osquidates, divisés en *montani* et en campestres, s'étendaient sur les trois vallées de Barétous, d'Aspe et d'Ossau, ainsi que sur les landes du Pont-Long et même sur celles de Bordeaux. A quelle race appartenaient donc nos Osquidates ? Leur nom semble nous faire entrer de prime-abord dans le domaine de la langue basque. On sait que les Basques s'appellent eux-mêmes Eusc-Aldunac, qu'ils nomment leur pays Eusk-Erreria, leur langage Eusk-Ara et qu'une de leurs tribus, les Auskes, habitaient dans le département actuel du Gers une ville du nom d'Illi-berrum. Enfin, il est très vraisemblable, comme le veut Guillaume

Humbold, que l'adjectif Oscensis s'appliquait chez les Romains non pas à la seule ville espagnole d'Osca mais au peuple ibérique tout entier. Il n'est donc pas déraisonnable de conjecturer que les Osquidates étaient des Eusques, c'est-à-dire des Basques. La finale *ates* ou *dates* de leur nom, serait une de ces terminaisons hétérogènes que l'antiquité grecque et latine ne se faisait pas scrupule d'ajouter aux noms toujours altérés par elle des peuples barbares. Il est vrai que les descendants de ces Osquidates parlent béarnais et que le patois d'Ossau ne contient pas de traces bien sensibles des racines euskariennes. Mais ne voyons-nous pas la langue espagnole envahir tous les jours les vallées basques ? Ne savons-nous pas, par d'incontestables preuves tirées des textes et des noms des lieux, que depuis le moyen âge l'idiome originel de ces provinces a complètement disparu d'une vaste étendue du pays ? Le même phénomène a pu s'accomplir pour la vallée d'Ossau à une époque reculée et sans que l'histoire nous en ait conservé le souvenir. Cette assimilation des Osquidates avec les Euskaldunac ne serait pas soutenable un instant si elle ne reposait que sur la conformité des deux noms. Mais ce qui en fait une hypothèse digne d'attention, c'est que les noms des lieux des trois vallées occupées jadis par les Osquidates montani et surtout les noms des montagnes, renferment en grande majorité des éléments euskariens. Très nombreuses dans la vallée de Barétous, les appellations d'origine basque le sont un peu moins dans la vallée d'Aspe et apparaissent encore plus clairsemées ou plus altérées dans la vallée d'Ossau. La forme primitive de ce mot nous a été donnée par les chartes du XIIᵉ siècle. En 1127 c'est Ursal, en 1154 c'est Orsal ; Ossau n'apparaît qu'au XIIIᵉ siècle (1244). Plusieurs étymologies plus ou moins sérieuses ont été proposées touchant le sens du mot Ossau. On affirmait d'abord que dans l'ancienne langue basque (qui nous est inconnue) Osse signifiait *lieu sûr et salubre*. Une autre opinion identifie Ossau avec les localités anciennes qui ont porté le nom d'Ocelum (Uselum).

Deux de ces Ocelum se trouvaient en Espagne et aussi dans les Alpes. Un savant italien, M. E. Celesia [1], écrit que dans l'ancienne langue ibérienne ce mot voulait dire passage principal. Mais il est évident qu'Ossau ne provient pas d'Ocelum, puisque sa forme

---

1. — *Histoire de Jules César*, p. 56.

primitive est Ursal et qu'il est impossible de tirer Ursal du radical *us* usel. Jetant un coup d'œil sur le Dictionnaire topographique des Basses-Pyrénées, nous trouvons une longue liste des localités situées dans le pays basque et commençant soit par *urd* ou *ord*, soit par *ors* ou *urs,* et ce qui est important à remarquer c'est que presque tous ces noms appartiennent à la région montagneuse. Ce sont des noms de cols ou de forts. Il nous semble donc naturel et légitime de croire à l'existence de deux radicaux basques *urd* et *urs* qui signifieraient *passage* ou *port*. C'est à ce radical que nous rattachons le mot Ossau jadis Ursal. C'est ainsi que la ville basque d'Ursaik est devenue Ossue ; nous connaissons aussi un col d'Ossoue dans le massif de Vignemale et un passage près de Gavarnie appelé Haoussa. En attendant donc qu'on nous montre une autre source d'origine du mot Ossau, adoptons l'hypothèse que ce mot est basque. Cela nous prouvera une fois de plus que les Basques sont les premiers habitants de ces contrées.

LA CASCADE DES EAUX-BONNES

V.

C'EST à l'illustre Pierre de Marca que nous devons les notions les plus anciennes sur la vallée d'Ossau, à laquelle dans son Histoire de Béarn il a consacré un court chapitre. D'après cet auteur, jusqu'à l'an 1100, les Ossalois obéissaient à des vicomtes particuliers qui les gouvernaient héréditairement. Soit que la ligne directe des vicomtes d'Ossau se trouvât éteinte en 1100, soit que cette qualité fut dévolue par héritage ou par toute autre cause aux vicomtes de Béarn, c'est de cette époque et du règne de Gaston que date la fusion de la vallée avec ce pays sous le gouvernement du même souverain. Mais les Ossalois tenaient absolument à conserver les anciens privilèges, dont ils étaient très

jaloux, et bientôt à ce sujet des désaccords se produisirent qui se prolongèrent jusqu'en 1221, époque à
laquelle Guillaume Raymond, vicomte de Béarn, se
transporta dans la vallée, assembla les habitants et
parvint à arrêter avec eux un code des droits et des
devoirs respectifs du prince et des sujets. Ce traité
est connu sous le nom de For d'Ossau. Le vicomte
jurait aux Ossalois l'observation de leur For et de
leurs privilèges ; les montagnards promettaient à
leur tour d'être fidèles au souverain. Si les seigneurs
voisins offensent le vicomte ou refusent justice à ses
sujets, les Ossalois étaient tenus de faire *Ost,* c'est-à-
dire de prendre les armes et de marcher hors du
Béarn. Mais le vicomte doit venir en personne exposer ses griefs dans l'assemblée de la vallée, convo-
quée exprès à cet effet par ses officiers. Le vicomte
aura ensuite le droit de choisir dans chaque maison
l'homme le plus fort et le plus adroit. Cependant, le
nombre des levées ne pouvait pas dépasser trois
cents soldats, dont la moitié devait être armée de
boucliers et l'autre était munie simplement de
haches. Les Ossalois, assujettis tous les ans aux trois
armements, suivaient leur prince jusqu'aux bords de
la Garonne, lorsque le vicomte faisait *ost,* c'est-à-dire

s'armait pour le vicomte de Poitiers. Il faut dire que le service de l'*ost* se faisait pendant quarante jours et aux dépens de celui qui le devait. Dès que le temps en était expiré, ce service devenait volontaire et ceux qui le rendaient étaient payés par le souverain. Cette espèce de surcharge (les Béarnais ne devaient qu'un service militaire, borné aux frontières du pays et qui ne durait que neuf jours) a dû être compensée par quelques avantages et c'est pour cela que les amendes furent réduites pour eux à 18 sols, tandis qu'elles étaient en Béarn portées à 66. A ce propos, il convient d'ajouter que les plus anciennes pièces de monnaie qui nous sont parvenues, datent du XIIe siècle et portent d'un côté l'empreinte d'une tête avec ces mots gravés alentour : *Gast. Vic. et Dom. Bearn.* On lit au bas : *Honor furc. Morlan.* Ces mots signifient la demeure du seigneur de Morlaas. Sur l'autre côté de ces monnaies, une main gravée tenait l'épée avec les armes du Béarn, et la devise suivante : *Grotea Dei, sum id quod sum.* La livre du Béarn qui se nommait *livre morlane,* contenait vingt sous morlanes qui, à leur tour, étaient divisés en quatre *ardid.* Ce dernier avait une subdivision marquée par une petite pièce, appelée *baquette* ou petite vache. On lit dans une supplique adressée à Edouard Ier, roi d'Angleterre, par l'évêque, les phrases suivantes : « Nous ne connaissons d'autre monnaie que celle de Morlaas. Nos rentes et nos cens sont stipulés en espèces de Béarn. Quoique la monnaie appartienne à noble homme Gaston, vicomte de Béarn et qu'elle ait toujours appartenu à ses prédécesseurs, il ne leur a jamais été permis de changer la valeur des espèces sans le consentement des évêques, barons et communauté de l'Ausertonie. Les espèces fabriquées à Morlaas ont été de tout temps la monnaie courante dans tout ce district. » Outre que les Ossalois jouissaient de la diminution des amendes, ils avaient encore le privilège de siéger au haut bout de la salle, lorsque la Cour se tenait au château de Pau. Cette dernière prérogative doit être attribuée à ce que le château était situé sur le terrain du Pont-Long qui appartenait à la vallée d'Ossau. Nous trouvons dans l'ancien For un jugement qui n'est point inutile à la connaissance des coutumes ossaloises. Le prince se plaignit à la Cour Majour[1] que les Ossalois ont paru dans quelques lieux du

---

1. — Premier tribunal politique et civil.

Béarn en corps d'armée, enseignes déployées et qu'ils ont commis plusieurs excès. MM. Mazure et J. Hatoulet, dans leur histoire des Fors du Béarn, racontent que le tribunal a rendu l'arrêt suivant : « Ouïes les raisons du seigneur disant que les gens de la terre d'Ossau sont sortis en armes sur le Pont-Long et autres lieux de la terre du Béarn et qu'ils ont commis excès de tous genres, tels que meurtres, plaies, incendies, pour raisons desquels par leur For ils sont tenus de donner des gages ; ouïes les raisons des jurats de la terre d'Ossau disant et affirmant le contraire et être exempts d'en donner, juge la Cour Majour que les dits gens d'Ossau sont tenus de donner des gages au seigneur pour les méfaits et excès allégués et qui pourraient avoir lieu dorénavant. » Il faut dire que la principale cause de toutes ces luttes était le Pont-Long, qui appartenait, comme je l'ai déjà dit, aux Ossalois. C'est une plaine ou lande immense, en partie marécageuse, abondante en fougère et qui au Xe siècle s'étendait dans toute la longueur du Béarn. Cette nomination du Pont-Long dérive du latin *pontus* (mer). L'aspect des lieux et la nature marécageuse du terrain indiquent suffisamment que cette plaine, à une époque reculée, dut être entièrement couverte d'eau. Tacite, dans son premier livre des Annales, nous raconte que Germanicus, après avoir rendu les derniers honneurs aux mânes de Varus et de ses légions, ramenait les troupes. Arminius marchait à la tête, Cherusque le suivait de près, mais Caccinius voulut conduire son corps d'armée séparément et quoiqu'il prit une route bien connue, il faillit presque perdre tous les soldats en passant par le Pont-Long, parce que ce ne sont que de vastes marais, entrecoupés de ruisseaux et entourés de forêts épaisses. C'est donc ce Pont-Long qui fut la cause de ces luttes terribles qui durèrent entre les Ossalois et les Béarnais jusqu'à ce que la Cour royale de Pau régla, en 1837, par un arrêt définitif, les droits de la vallée. Ces guerres civiles furent quelquefois si sanglantes, que même les souverains pontifes jugèrent nécessaire d'intervenir dans ces querelles, comme le prouve une bulle du pape Jean, du XIIIe siècle, dont l'original est conservé aux archives du pays et qui ordonne une trêve à la guerre existante alors. En 1348, un grand malheur jeta la vallée dans une profonde misère. Je veux parler de la peste qui fut générale et sévit avec une grande force. La description lugubre se trouve dans le livre noir du chapitre de Tarbes. A ce sujet, je citerai seulement le fait suivant : « Anno Domini 1348 tanta fuit mortalitas ex stragis ex peste ingninoria salicet apparentibus glandulis in inguine quod medietas nominum ex ultra defunta est. » Cette peste, à laquelle vint se joindre une affreuse famine, laissa de profonds souvenirs dans la vallée. Pressée par la famine la communauté de Béost engagea la montagne d'Arbaze pour 23 années à M. N. d'Aydie d'Arros pour la somme de 17.000 livres. Ce fait se trouve signalé dans les livres des jurats de Béost et un barde Ossalois nous a conservé le souvenir de l'enthousiasme qui éclata en Ossau à l'époque où la commune rentra en possession de la montagne. Voici le chant qui respire le parfum de la poésie primitive.

I

Lous d'Assou, de Coaraze
Et domengès d'Augè,
Digatz adiu à Ibaze
Aus Plaàs et au Mousquè.

II

Las bingt et très anades
De jouissenc' en Egos,
Soun estades pagades
A d'Aydie d'Arros.

III

Guilhem de las Barguères
Per qué tu ploures tan ?
Oh ! las noustes baquères
Qu'ey tournen aquest'an.

IV

Partex, nou t'arrébires
Qu'has prou pastourejat,
Qu'ey juste quet retires
Pux qué t'habem pagat.

V

De tourna'n queres terres
Bé set' hara de hè !
Nous, quep saludam hères
Lous Plaàs et lou Mousquè.

VI

Lous moutous de Daurade
Pexen lou menudet,
Cabbat de Labarade
La houn deu Turounet.

VII

Las baques de Saubatte
Bé prénen grand plazé,
Deu soum de Cujalatte
D'inco lou haut Luzé.

VIII

Las crabes puyalhades
Quoan pexens aus Broustès
Las geuges poumalades
Cabbat cure d'Arquès.

IX

Diou, lou beroy menage
Qui j'ha dens Gepra !
Lous bielhs hen lou roumage
Et lous joens houléjà.

X

Ta disna leyt et broge
Et miussat ta soupa,
Et pux quoan bien la Toge
Dansen lou lom-lan-là.

XI

Lou Joanou de Lestrade
Jogue deu tambouri,
Lou sé la serenade
Et l'aubade lou mati.

L'histoire écrite et la tradition conservée dans le
chant populaire, se prêtent ici un mutuel appui pour
perpétuer le souvenir du terrible fléau.

Après que la vallée d'Ossau reconnut la souveraineté des princes de Béarn, son histoire se trouve étroitement liée à celle de ce pays. La raconter, ce serait parler du Béarn en général, ce qui n'entre pas dans notre étude. Les curieux trouveront dans l'*Histoire de Béarn,* de Marca, des renseignements très intéressants des luttes religieuses qui commencèrent avec Jeanne d'Albret et qui prouvent que même les bonnes choses, poussées à outrance, ne mènent pas à de bons résultats. La vallée d'Ossau avait aussi sa part dans ces luttes.

LES EAUX-BONNES (VUE PRISE DE LA BUTTE DU TRÉSOR)

VI

Lorsque la terre, couverte de forêts, n'offrait à l'homme aucune sécurité contre les bêtes fauves, c'est dans les grottes d'Ossau, dans celles d'Arudy surtout qu'il trouvait un refuge [1]. La quantité innombrable de silex taillés et de débris d'animaux qui ont servi à la nourriture de nos ancêtres, sont là pour attester l'antiquité de l'existence de l'homme en Ossau. Il serait impossible de préciser la date à laquelle pourraient être attribués les dernières stations et les derniers tombeaux néolitiques. Pour en donner une idée approximative, on indique ordinairement le XIIe siècle avant notre ère. Quant à

1. — Paul Raymond.

l'homme de l'époque quaternaire (interglaciaire) qui se servait aussi des instruments en pierre, nous n'avons de lui aucun vestige dans la vallée d'Ossau. En revanche, nous sommes plus heureux pour ce qui concerne notre aïeul contemporain de l'Elephas primigenius, de Rhinocéros et de Cervus tarondüs. Deux séries de documents ont été soumises à nos études : l'une des alluvions, l'autre des stations de l'âge du renne.

Mais il faut avouer que l'histoire des races anciennes est bien incomplète et ce que nous savons n'est presque rien à côté de ce qu'il faudrait savoir. Mais il est certain que la race dite de Canstadt doit être la plus ancienne et que plus tard c'est celle de Crô-Magnon qui prédomine à la fin des temps quaternaires proprement dits. L'une et l'autre ont un trait commun : la longueur du crâne, la dolichocéphalie. Les divers caractères des gens de Crô-Magnon se trouvent à un degré égal sur la plupart des squelettes des chasseurs de renne. Cette race paraît être très répandue à l'époque néolitique et même on la suit au-delà de ces temps. Elle prédomine dans le Midi et dans l'Ouest, tandis que dans le Nord c'est Furfooz ou les brachrycéphales.

Ainsi la vallée d'Ossau nous a gardé les traces très nombreuses des temps les plus lointains, sans parler des mouvements des époques plus récentes dont les dolmens, les cromleks, les menhirs sont des témoins éloquents. On sait bien que l'homme préhistorique ne connaissait point l'usage des métaux et qu'il employait les instruments faits de pierre. D'abord c'était des éclats de silex, mais peu à peu cette forme primitive subit une amélioration qui grandit selon le développement de l'art. Le silex fut taillé et plus tard même poli et il faut avouer que le secret de ce métier est enseveli avec les premiers fabricants et que nous, malgré tous nos progrès, nous ne saurions le faire aussi artistiquement. Nous trouvons chez les écrivains romains des notions très intéressantes sur les haches de pierre qu'ils trouvaient dans les Pyrénées et qui les intriguaient beaucoup par leur originalité. Lorsque Claudius, dans son éloge de Serène, énumère les dons offerts à cette impératrice, il raconte que les nymphes vont chercher pour elle des Cérannies dans les grottes des Pyrénées.

Pyreneisque sub autris.
Ignea fluminæ legere ceraunia nymphæ.

Pline rapporte en ces termes l'opinion d'un ancien

auteur : « Sotacus admet deux espèces de *ceraunia :*
une noire et une rouge ; toutes les deux ressemblent
à des haches (similes securibus). La noire, lorsqu'elle
est ronde, sert à prendre des villes, des flottes
entières ; on la nomme bacthyle, mais elle garde le
nom de Céraunia quand elle est longue. Il y en a
une troisième espèce très rare et très recherchée des
magiciens parce qu'elle ne se trouve que dans les
lieux frappés de la foudre. » Cela nous explique
pourquoi Galbæ, ayant vu la foudre tomber dans un
lac des Pyrénées, le fit fouiller. Il y trouva douze
haches, signe manifeste de la souveraine puissance
qui devait lui permettre de devenir empereur. Il
préluda aussi aux recherches qui relevèrent les cités
lacustres si riches en vestiges de l'âge de pierre. Les
vallées pyrénéennes ainsi que tout le bassin sous-
pyrénéen ont eu leurs peuplades lacustres qui occu-
paient une étendue immense entre la Méditerranée
et l'Océan, depuis Bayonne jusqu'aux limites orien-
tales des Pyrénées. Comme signe caractéristique de
ces habitations lacustres, il nous reste une grande
quantité de tumuli, mais les fouilles qui furent faites
ne fournirent aucun fragment métallique, d'où il faut
conclure que ces constructions se rapportent à l'âge

de la pierre polie. M. Adrien Planté, le savant inspecteur de la Société française d'archéologie, distingue deux catégories de richesses archéologiques de la vallée. La première comprend les monuments, classés par la loi, la seconde ceux qui n'ont pas reçu la consécration du classement historique, mais qui présentent néanmoins un caractère suffisamment sérieux pour attirer l'attention des archéologues.

Commençons par les premiers, mais avant, faisons une petite excursion dans deux ou trois endroits qui se trouvent sur la route de Pau aux Eaux-Bonnes, route charmante et très pittoresque, et je suis sûr que quiconque fera ce voyage en gardera pour toujours les meilleurs souvenirs. Ces lieux si intéressants, présentent un ensemble de monuments historiques qui rentre dans le cercle de nos études et qui, par conséquent, ne pourront que rendre plus complet le tableau de nos recherches. Ce sont d'abord les thermes Romains, dont les ruines trouvées près de Jurançon, datent du temps d'Andrien. On sait que dans les mœurs romaines les bains étaient une nécessité. Les thermes étaient réservés au peuple, tandis que les citoyens aisés avaient les bains dans leurs maisons ou à leur proximité.

Différentes personnes, de tout âge et de tout rang, s'y rassemblaient pour causer. Les repas du soir étaient toujours suivis du bain qui se prenait ordinairement à neuf heures et en commun. Ce ne fut que sous l'empereur Andrien que les deux sexes furent séparés.

A Jurançon nous avons les ruines des bains qui appartenaient à un riche particulier, peut-être à un militaire, le camp romain existant non loin sur les hauteurs de Guindalos.

Un beau pavage de mosaïque s'est conservé sous les débris des colonnes en marbre blanc, dont les chapiteaux appartiennent au style Corinthien. Les curieux trouveront tous les renseignements nécessaires dans l'intéressant ouvrage de M. Ch. Le Cœur « Mosaïques de Jurançon », dont l'une présente sur le fond blanc une tête colossale ; un trident passant sur le côté gauche de la poitrine et s'élevant au-dessus de la tête indique la figure de Neptune. Les quatre coins sont parsemés de poissons de toute espèce et de couleurs variées. Sur une autre on voit une femme entièrement nue, ceinte d'une écharpe flottante. Autour d'elle se groupent divers représentants de poissons et deux pieds, disposés à sa droite, montrent assez qu'il existait de ce côté une seconde figure. En avançant plus loin par la route, on admire à Rébénacq une belle grotte de six cents mètres de longueur découverte en 1853. On y trouva plusieurs ossements fossiles qui, par leurs dimensions énormes, semblent avoir dû appartenir à des animaux aujourd'hui disparus, tels que le mastodonte et le tapir, décrits par le savant Cuvier.

Encore six kilomètres par un chemin resserré entre les montagnes, et nous arrivons à Sévignac, village qui ouvre l'entrée de la vallée d'Ossau.

Le village suivant s'appelle Buzy, puis vient Arudy avec sa vieille tour et sa chapelle de St-Michel qui, chaque année, le 29 septembre, est le but d'un pèlerinage où se rendent tous les Ossalois pour remercier le Saint de les avoir délivrés de la peste. A Izeste, berceau du célèbre Bordeu, on peut voir une grotte qui date de l'âge du renne et, à sa gauche, se trouve le petit village de Meyracq, où naquit Christine de Meyracq, héroïne si connue d'un roman du XVIIe siècle. Louvie, qui est à un quart d'heure de distance, garde avec fierté les ruines du Castel Gelos, résidence des Vicomtes d'Ossau. C'est dans ce château que les souverains Béarnais recevaient les serments des Ossalois et venaient rendre la justice. C'est aussi le point le plus joli de la vallée. De là on aperçoit Bielle, l'ancienne capitale, d'origine toute romaine, comme l'attestent les fragments d'une mosaïque située près de l'église.

Mais n'anticipons pas. Arrêtons-nous à Buzy pour admirer son dolmen. Ce dolmen est situé sur le quartier connu sous le nom dou Calhaü de Teberne (rocher de Teberne). C'est un dolmen sous tumulus, dit M. Raymond. Un bourrelet l'entoure et les pierrailles qui le recouvrent gisent dispersées à ses côtés. La pierre qui forme la partie supérieure ressemble à une écaille de tortue. Elle est de marbre gris comme les sept supports dont un seul tomba dans l'ouverture faite sans doute par des chercheurs d'or. A cause de la construction du chemin de fer on a dû transporter ce dolmen un peu plus loin de la place où il avait été trouvé. Ce déplacement exigeait beaucoup de précautions et de peines vu la proportion du monument, car le couvercle seul pèse 15.000 kilogrammes. Après son enlèvement, on se livra à une série de fouilles fort minutieuses qui amenèrent la découverte d'abord de fragments d'os et d'une dent qui paraît être d'auroch. Puis, dans le terrain noir, on trouva un léger fragment de poterie et deux rouleaux de pierre. En avançant du côté Est du dolmen, les fouilles mirent à jour vingt-deux fragments de silex dont dix couteaux, un poinçon, trois rasoirs, trois pointes de flèches, quatre ébauchoirs, un nucleus, et enfin un fragment de grès façonné portant une rainure vers le milieu et qui n'était autre chose qu'une pierre à aiguiser. En continuant les sondages on découvrit les traces d'un foyer, dans les débris duquel étaient une certaine quantité d'ossements, de dents et une vingtaine d'instruments en silex ; une pierre concave, qui avec les rouleaux de pierre complètent le moulin primitif, était déterrée en dehors du dolmen. C'est un bloc de granit offrant une série de cercles concentriques en forme d'entonnoir de 1^m 70 de longueur sur 0^m 80 de largeur et 0^m 40 d'épaisseur. On a toujours considéré les dolmens comme des autels druidiques. Les cavités creusées sans art qu'on remarque sur eux faisaient croire qu'elles étaient destinées à recevoir les libations pendant les sacrifices qui étaient quelquefois, selon le récit de Jules César, des sacrifices humains et pour lesquels on se servait de ces couteaux en silex qu'on rencontre dans les fouilles. Cependant il faut ajouter que plusieurs savants ne voient aujourd'hui dans les dolmens que des lieux de sépultures, des tombeaux muets que nos aïeux nous ont légués. Dans ce pays on en trouve plusieurs et les plus remarquables sont dans la commune d'Escout, près d'Oloron, au sommet d'une montagne appelée Peyre Cor, et ensuite dans la vallée d'Aspe, en un lieu nommé Urdosque. Cet endroit représente une espèce d'allée couverte, sorte de galerie de pierre, ayant, comme tous les dolmens, une table supérieure, mais plus longue et composée de plusieurs blocs disposés en terrains. La caverne d'Espalungue, connue sous le nom de grotte d'Izeste, nous parle des temps préhistoriques et doit être rapportée à l'âge du renne. Cet âge est une période très complexe pendant laquelle le climat, loin d'être froid et sec comme on le prétendait auparavant, subissait plusieurs modifications, entraînant des changements de faune et d'industrie. Il faut la diviser en deux époques principales. La première, à son début, jouit d'une température modérée. Ce fut le temps où l'homme, se nourrissant de la chair des mammouths et des rhinocéros, commença à s'occuper des arts.

Mais peu à peu l'atmosphère devint plus sèche et

plus froide. C'est alors que l'homme, vivant surtout de la chair du cheval, sculpta le bois du renne, le transformant en statuettes d'animaux. La seconde période fut très humide et froide. Le sol se couvrit de neige et les froids excessifs forcèrent les oiseaux polaires d'émigrer dans les Pyrénées. Le renne devint la principale nourriture de l'homme qui se complut à couvrir de dessins le bois de cet animal et qui inventa l'aiguille. Quand la température s'adoucit et que les neiges fondirent, l'homme préhistorique s'occupa de pêcher le poisson dans les cours d'eau fortement enflés et dans les mares. Le renne, devenant de plus en plus rare, disparut comme les mammouths. L'heure des temps modernes avait sonné.

Les cavernes de cette époque reculée sont très recherchées par les savants; aussi la grotte d'Izeste attire l'attention de tous les archéologues. Cette caverne est creusée dans le calcaire fétide fossilère, qui doit se rapporter au terrain crétacé inférieur. L'ouverture placée à trente mètres au-dessus du fond de la vallée est très spacieuse et regarde le nord-est. La grotte se dirige d'abord vers le sud magnétique pour se détourner brusquement à l'ouest; toute sa longueur dépasse 200 mètres. Un éboulis ancien, recouvert de stalagmites, en bouche l'extrémité qui a dû communiquer avec une seconde issue ouverte sur l'autre flanc de la montagne. L'entrée de la caverne paraît avoir été remaniée et c'est pourquoi il est impossible de dire à quelle époque paléontologique appartiennent les ossements et les objets qu'on y a recueillis. De rares silex taillés, un poinçon, deux fragments, des poteries grossières non tournées, des os de bœuf, de mouton, de chèvre et de cheval semblent indiquer un âge postérieur à celui du renne. Une couche de béton de 0^m 40 d'épaisseur intercalée dans la terre ossifère qui repose elle-même sur un lit de cailloux roulés prouve que le sol a été remanié depuis le dépôt des ossements qui existe au-dessus et au-dessous de cette couche. Quelques mètres après le détour qui donne au couloir sa direction définitive, la voûte s'élève et on aperçoit sur la droite une large excavation formant une salle assez spacieuse. De ce point on aperçoit les rochers de l'entrée éclairés par la lumière du jour et le sol est assez uni pour que l'on puisse gagner l'issue sans s'éclairer artificielle-ment. Une tranchée d'un mètre de profondeur, faite à l'entrée de la grotte, a montré une couche de terre d'épaisseur variable, compacte, argileuse, contenant des fragments de charbon et de nombreux nodules d'une substance blanche qui paraît riche en phosphate de chaux. Au-dessous, un niveau de 0^m 50 d'épaisseur abonde en pièces paléontologiques. Il se transforme à sa base en une brèche à ciment calcaire et ferrugineux, reposant sur un lit de cailloux. Cette brèche n'a pu être exploitée qu'en plaques larges et épaisses montrant une série d'ossements par leurs bords, leurs faces et leurs coupes. La partie supérieure, moins compacte, nous a fourni les pièces qui ont permis de rapporter ce dépôt à l'âge du renne. Le renne, un cheval de grande taille, un cheval moitié plus petit, l'âne, un grand bœuf (sans doute Primigenius), un bœuf de taille beaucoup moindre, un cerf dont il a été tout à fait impossible de déterminer l'espèce, un mouton, une chèvre, le chamois, l'ours, le renard, oiseaux de grande taille, fournissent de nombreux et intéressants échantillons. Les ossements de chevaux sont les plus abondants. Ceux de rennes, en quantité moindre, existent cependant aussi en grand nombre. On ne trouve qu'un seul os humain. Cet os, à son aspect physique, ressemble aux ossements du renne, de bœuf, de cheval, prove-

nant de ce gisement. Il est blanc, enveloppé de la
même gangue ferrugineuse et calcaire ; de plus il
porte sur sa face supérieure trois stries assez profondes
pareilles à celle que l'on observe sur les os des
animaux cités plus haut. Les nombreux silex taillés,
les éclats de leur fabrication, les noyaux desquels
on les a retirés, sont répandus dans cette brèche.
Des fragments de charbon et des cendres sont adhé-
rents aux os et aux silex auxquels ils communiquent souvent un aspect noirâtre. Les os longs
sont tous cassés. Pas un seul n'a été retrouvé
entier. Les os de renne en particulier sont frag-
mentés exactement de la même manière que ceux
de Broniquel et de la Dordogne. Cette cassure
est encore identique à celle des os de ruminants
trouvés en Danemark, dans les habitations lacustres
de la Suisse, dans les cavernes de l'âge de pierre de
l'Ariège. Enfin c'est encore de même que les Lapons
fendent les os de leurs rennes pour en extraire la
moelle. La diaphyse est divisée dans toute sa longueur;
les têtes seules sont entières, les bords de la fracture
sont nets et dirigés toujours de même. Pour nous
cette circonstance du mode de cassure est une des
meilleures preuves de la contemporanéité de l'homme

et des espèces disparues. Les os travaillés de la grotte présentent une particularité intéressante, ils indiquent une civilisation peu avancée. Sur 200 kilogrammes d'ossements, nous n'avons trouvé qu'un seul instrument poli. Il est fait d'un os long, légèrement arrondi à une extrémité, pointu à l'autre et offre une certaine ressemblance avec un tranchet. Les autres os qui portent des traces du travail intelligent sont taillés et non polis ; l'usage seul paraît avoir émoussé leurs arêtes et leurs pointes. Les silex ont une forme moins fine que ceux de Broniquel et de la Dordogne. Les grands silex taillés sont fort rares ; il ne s'y en est trouvé qu'un seul de 12 centimètres ayant la forme d'un fer de lance. Il faut citer encore un schiste quartzeux taillé en forme de large grattoir.

Tous ces faits que nous venons d'énumérer rapidement conduisent à assigner à la brèche osseuse d'Espalungue une antiquité plus grande que celle des brèches de Broniquel et de la Dordogne bien qu'elles appartiennent toutes à l'âge du renne. Les objets travaillés de la grotte se rapprochent beaucoup plus par leur forme et par leur grossièreté de la façon des objets trouvés dans les cavernes de l'âge de l'ours que de ceux qui ont été recueillis jusqu'ici dans le gisement de l'âge du renne. En un mot, pour nous, la station d'Espalungue représente une sorte de passage des premières époques quaternaires à l'âge du renne.

CASTET - GÉLOS (VALLÉE D'OSSAU)

VII

E village de Bilhères est fort joli. Il est exposé sur le flanc de la montagne et un des plus jolis panoramas se déroule à ses pieds. C'est là que M. l'abbé Châteauneuf découvrit le cromlech que nous allons décrire. Ces monuments, qui se rapportent comme les dolmens au temps des druides chez lesquels ils avaient une destination exclusivement religieuse, sont au nombre de quarante-trois. Partagés en trois groupes, ils sont connus dans le pays sous le nom de Courraüs de Houndos (cercle de fontaines), probablement à cause de leur ressemblance avec les enceintes qui protègent les troupeaux dans la montagne.

Le premier groupe, qui en contient vingt-quatre, est placé sur un vaste tertre calcaire couvert de chênes gigantesques, à droite d'un ruisseau. Ce tertre est naturel comme l'ont prouvé les fouilles ; mais il est possible que la main de l'homme lui ait donné sa forme circulaire. Ce lieu, d'un aspect vraiment grandiose, situé à l'entrée du haut pâturage appelé le Benou, passe encore pour être hanté par les esprits. C'est le quartier des fées. Au centre de chacun de ces cromlechs, sous le sol, se trouve un second cercle d'environ un mètre de diamètre, qui contient des restes de foyers de charbon, de bois de sapin, à une profondeur de $0^m 60$. Les cromlechs de Houndos sont groupés autour d'un autre placé à peu près au sommet du grand tertre qui les porte tous.

Le second groupe est placé sur les bords d'un ruisseau, qui forme un peu plus bas l'Arriu Beig (la belle rivière) ; les cercles sont au nombre de six et la moyenne du diamètre de ce groupe est plus élevé que le précédent. Pour atteindre le troisième, il faut gravir pendant vingt minutes une côte abrupte qui conduit au quartier dit Courrège de Caüs ou

Acaüs. De ce point, on domine toute la vallée d'Ossau. En ligne, sur une étendue de 200 mètres, se dressent treize enceintes rondes dont les pierres sont plus grosses et plus serrées que celles que nous venons de décrire. Quelle a été la destination de ces monuments ? Pourquoi cette division en trois groupes ? Pourquoi cette différence dans les dimensions ? Quelques-uns croient que c'était un essai rudimentaire des premières fortifications des peuplades dans l'enfance de la civilisation. Peut-être les cromlechs supérieurs devaient-ils abriter les vieillards et toutes les richesses de la tribu, comme la citadelle des camps retranchés. Les foyers constatés au centre de chacun d'eux nous parlent des habitudes de la vie des familles logées dans les cromlechs.

On se rapprochait du foyer pour préparer les aliments, pour les manger et puis on se répandait dans l'enceinte et chacun y choisissait son coin préféré. Tout juste comme cela se passe de nos jours chez les peuples africains ou océaniens dont les documents humains semblent faire revivre les coutumes des temps préhistoriques de notre vieux continent.

En 1842, un paysan labourant les champs, découvrit presque à fleur de terre une mosaïque assez bien conservée. Les fouilles faites à cette place permirent de reconnaître aisément les traces de plusieurs pièces contiguës d'un édifice. Les murs existaient encore à la hauteur de près d'un mètre, en divers endroits. Leur épaisseur variait entre 0^m 50 et 0^m 60. Ils étaient construits en pierres inégales, de petites dimensions, engagées dans d'épaisses couches de mortier et parmi lesquelles figuraient même des cailloux roulés. Le mortier qui lie la maçonnerie se compose de chaux vive, de sable et de gravier ; un ciment de brique pilée le remplace en certains endroits. Plusieurs personnes supposent que l'édifice qui nous a laissé ces précieux débris constituait un établissement de bains. Les autres trouvent plus naturelle en cet endroit la présence d'une maison de campagne dont les bains particuliers auraient compris quelques-unes des salles indiquées par ces ruines. Le nom même de Bielle, qui veut dire une *ville* en vieux béarnais, semblerait bien n'être qu'un héritage local transmis originairement comme ailleurs par une ville romaine. Il est plus probable que les vestiges récemment découverts ne nous retracent qu'une très faible portion de la maison détruite. La somptuosité de l'ornementation annonce une construction importante et la présence de l'atriolum fait supposer l'existence d'un atrium majus [1].

Donc, le territoire de Bielle a vu s'élever peut-être au 11ᵉ siècle une élégante habitation romaine. L'emplacement ne pouvait être mieux choisi ; agréablement abrité contre les vents de l'Ouest et du Nord, à la naissance d'une gorge devant laquelle se déploie un des plus jolis amphithéâtres de la vallée. Peut-être même ce lieu a été alors le centre d'un certain groupe de population gallo-romaine, comme le prouvent de nombreux sarcophages de marbre qu'on a déjà découverts, ou qui gisent encore à fleur de terre en différents points du voisinage. Plusieurs de ces tombeaux ont pu servir à des sépultures postérieures, mais rien n'empêche de les supposer romains d'origine. Qui sait en effet toutes les révolutions qui ont passé par là, à commencer par la dévastation du ivᵉ et du vᵉ siècles. Une assez grande quantité d'argile presque à demi cuite et mêlée de charbon, qu'on remarque parmi les ruines, semblerait comme ailleurs indiquer les traces d'un incendie. La mosaïque trouvée à

---

1. — Nous voyons par une lettre de Cicéron à son frère que l'atriolum ne se plaçait ordinairement que dans les villas importantes, munies d'un atrium majus. (Ep. I. I. 111.)

Bielle est du même genre que celle de Jurançon ou plutôt, selon la nomination locale, du pont d'Oly.

L'église de St-Vivien est la plus intéressante de la vallée. La construction date du XVe siècle. Une des belles colonnes antiques en marbre est couverte d'inscriptions latines de l'époque romaine. Suivant une tradition populaire, ces colonnes excitèrent la convoitise de Henri IV. Il les fit demander aux Ossalois, qui répondirent sans hésiter : « Sire, nos cœurs sont à vous ; disposez-en. Mais les objets que vous voulez appartiennent à Dieu. Vous n'avez qu'à vous arranger avec Lui. Jusque-là, ces colonnes resteront là où elles sont. »

Au-dessus de la sacristie, dans une petite salle, on peut voir encore le coffre doublé de fer à trois serrures et à trois clefs, qui contenait les fors d'Ossau. En face de Bielle, de l'autre côté du gave, on aperçoit le petit château qu'on appelle *Castet Gelos*. Un cimetière très ancien est à côté. Lorsqu'on a eu besoin de le déplacer, en faisant des fouilles, on a découvert dans les tombes des médailles dont les caractères étaient devenus tout à fait illisibles.

Tout donne lieu de croire qu'une construction aux proportions assez vastes couvrait ces lieux, comme du reste des murs nombreux l'attestent. Mais il est bien difficile d'en dire l'origine et d'en préciser l'époque. On suppose qu'un incendie, venant peut-être après de terribles scènes, a dû faire disparaître le travail orgueilleux de la main de l'homme. Après quelques pelletées de terre, le sol a montré une quantité de charbon assez considérable et des ferrures très nombreuses qui appartenaient évidemment aux constructions. Hélas c'est tout ce qui a survécu ! Le silence pèse sur les ruines. Le champ du repos les recouvre aujourd'hui en rappelant aux voyageurs la suprême vanité des choses d'ici-bas. Les vieux murs de l'enceinte ont été réparés avec soin et intelligence sans rien enlever de leur cachet primitif. Il est juste de rendre, à ce propos, à l'administration communale les éloges qu'elle a si bien mérités.

Il me reste encore à citer parmi les monuments les plus remarquables de l'antiquité, les ruines d'un ancien château du Xe siècle à en juger par l'ouverture au midi de la tour qui reste et qui avait deux étages. La voûte du premier n'est pas encore tombée ; elle est disposée en croix et n'offre des sculptures qu'à l'une des retombées. Un homme accroupi dans une position assez peu décente y est représenté.

On rencontre aussi dans les rues de Bielle un grand nombre de maisons anciennes dont les portes ou les fenêtres sont décorées à leur sommet de monogrammes ingénieux qui indiquent la date de la construction et quelquefois le nom du propriétaire et souvent le nom du Christ, comme par exemple : J (Jésus), H (hominum), S (salvator). Il ne faut pas oublier de visiter l'église dont le joli portail est précédé d'un porche de chaque côté duquel on remarque engagées dans la maçonnerie des figures grimaçantes et grossièrement taillées. Ces pierres rappellent la punition infligée aux Sarrazins de rebâtir tous les monuments détruits par eux, avec l'obligation de placer dans les murs des figures laides, en témoignage de leur passage. Il est bien facile maintenant de voir que cet édifice date des temps très reculés et doit être placé parmi les documents les plus anciens et les plus précieux. Maonlin de Paravey a trouvé à Laruns, sur les portes des églises, les traces des hiéroglyphes égyptiens et en donne une description dans son ouvrage. « Nous vîmes, dit-il, dans le monogramme du bénitier, une chose remarquable : des poissons, un centaure et une sirène. D'autres monogrammes offraient trois bâtons épineux et un serpent bien dessiné avec la queue et la tête et qui, se repliant sur ces trois barres, répondait à la lettre S. Or, nous savons que l'Hébreu antique et les caractères chinois importés d'Assyrie, ont également le serpent comme type hiéroglyphique de cette lettre remarquable. Les symboles les plus anciens et même les caractères en clous aigus, comme à Ninive, se retrouvent à Laruns et sur l'antique église d'Assouste.

Nous voilà maintenant au bout de notre voyage archéologique. Qu'on me pardonne si beaucoup de choses ont échappé à mon attention ; mais vraiment il y en a tant de remarquables à voir et à étudier dans cette riche vallée, qu'il aurait fallu consacrer plusieurs années pour décrire tout ce qu'elle renferme; le peu dont nous avons parlé, jettera assez de lumière sur tous ces peuples qui ont passé ou qui ont séjourné dans ces belles contrées en y laissant des traces nombreuses de leur existence.

CASCADE DE MARESSEC

VIII

Lus on fait ample connaissance avec les environs des Eaux-Bonnes, et plus l'enthousiasme pour ce charmant pays s'accroît.

C'est quelque chose de si grandiose qu'une chaîne de montagnes aussi imposante que les Pyrénées, que ces sites sauvages, ces eaux qui de tous côtés grondent ou murmurent et ces jeux de lumière si variables et si imprévus. Il est bien naturel de ressentir une admiration profonde et un étonnement involontaire que tout fait naître à chaque pas. Rien ne peut, peindre l'émotion qu'on éprouve la première fois en présence des pics gigantesques dont la base se cache sous les forêts et dont les sommets sont couverts de

neiges éternelles. La vue de ces masses de marbre et
de granit jette l'âme dans une délicieuse rêverie ; leur
immensité vous écrase et l'on se demande comment
des colosses semblables ont pu se former ? De quels
abîmes ces masses viennent-elles ? La géologie nous
dit que les Pyrénées doivent leur origine à un soulèvement de la terre. Une mer déserte et bouillante
couvrait d'abord ce pays. Puis, peu à peu refroidie,
elle fut peuplée d'êtres vivants et exhaussée par leurs
débris. Ainsi se formèrent les calcaires anciens, les
schistes de transition et plusieurs des terrains secon-
daires. Que de milliers de siècles accumulés en une
seule phrase ! Le temps est une solitude où nous
posons çà et là des bornes ; elles révèlent son immensité mais ne la mesurent pas. Quand cette croûte se
fendit, une longue vague de granit fondu s'éleva
formant la chaîne pyrénéenne. Ce que ce mur de feu
fit en se dressant dans cette mer bouleversée, l'imagination de l'homme ne le concevra jamais. La masse
liquide de granit s'empâta dans les roches. Les
couches les plus basses se changèrent en ardoise sous
la tempête embrasée et les terrains plats se redressè-
rent et se renversèrent. La coulée souterraine monta
d'un effort si brusque qu'ils se collèrent à ses flancs

en étages presque perpendiculaires. « Elle se figea dans la tourmente et son agitation se peint encore dans ses ondes pétrifiées. » Qui pourra dire combien de temps s'écoula entre cette révolution et la suivante ? Les monuments nous manquent, car les siècles n'ont pas laissé de traces ; c'est une page arrachée dans l'histoire de la terre.

Enfin, l'Océan se déplaça, peut-être par le soulèvement de l'Amérique. Du Sud-Ouest, une autre mer vint s'abattre sur la chaîne. Ce choc tomba sur la barrière noire crénelée qu'on aperçoit vers Gavarnie. Quelle destruction épouvantable de tous les êtres vivants se passa ensuite ! Leurs cadavres ont formé les bancs coquillers qu'on traverse en montant vers les cimes les plus hautes des Pyrénées. La mer roulante arrachant son lit le chavira contre les murailles des rochers, l'amoncela contre les flancs, l'entassa sur les sommets, mit une montagne sur la montagne, couvrit l'immense écueil et oscilla en courant furieuse dans le bassin dévasté. Cette mer apporta la moitié des Pyrénées. Les eaux violentes appliquèrent contre le versant primitif des étages calcaires inclinés et tourmentés et lorsque celles-ci s'apaisèrent, elles déposèrent sur eux les hautes couches horizontales.

Des générations d'êtres marins naissaient et mouraient pour élever les cimes ; populations silencieuses et inertes qui pullulaient dans le limon tiède et regardaient à travers leurs vagues vertes les rayons du soleil bleu. Ils ont péri avec leurs sépulcres. Les orages ont déchiré les bancs où ils s'enfouissaient et les lambeaux de leurs débris disent à peine combien ce monde enseveli a vu passer de myriades de siècles. Un jour enfin, le sol creva une seconde fois et de grandes montagnes nouvelles apparurent. Une nouvelle ondée de granit s'éleva, chargée du granit ancien et de la prodigieuse masse des calcaires. Les alluvions montèrent à plus de dix mille pieds, et les anciennes cimes de granit pur furent ainsi dépassées ; les bancs de coquilles furent soulevés dans les nuages et les sommets exhaussés se trouvèrent pour toujours au-dessus des mers. Voilà à peu près l'origine de ces montagnes, dont le nom indique quelques événements où le feu a joué le rôle principal. Était-ce les incendies qui correspondaient à cette sécheresse extraordinaire qui força les habitants d'Espagne d'émigrer ? Était-ce un autre accident non moins grave ? L'histoire ne dit rien. Une légende intéressante existe à ce sujet.

D'après une tradition mythologique, Alcide ayant
terrassé le triple Gérijon, vint pour élever les murs
d'Alexia, où les charmes de la fille d'un roi Celtique,
Bébrix, le vainquirent. Alcide, devenu amoureux,
oublia dans les bras de Pyrène et sa gloire et ses
travaux. Cependant, sa vertu se réveilla bientôt ; il
s'éloigna et poursuivit au loin sa lutte avec les
monstres de la terre. La pauvre jeune femme aban-
donnée, cacha dans les fonds des forêts sa douleur et
ses larmes et quand Alcide, rappelé dans ces lieux par
l'amour y revint, son amante avait cessé de vivre et
déjà les bêtes féroces déchiraient son corps. Après
avoir fait éclater sa douleur par des cris dont tout
l'univers fut ébranlé, ce héros rassembla les membres
sanglants de sa compagne et pour laisser un monument éternel de son désespoir, il souleva et entassa
les roches qui forment aujourd'hui les Pyrénées,
tombeau colossal de la malheureuse Pyrène.

La période glaciaire a laissé de nombreuses traces
dans les Pyrénées. Les savants ont reconnu que dans
la plus grande partie du bassin sous-Pyrénéen les
formes sont dues presque uniquement au mouvement des anciens glaciers et au remaniement par les
eaux de fusion des débris qu'elles ont accumulés.

Dans les *Bulletins du Club Alpin* se trouvent des renseignements bien précis sur cette époque reculée. Ils disent que le glacier qui remplissait la vallée d'Ossau à l'époque quaternaire, a été arrêté par le chaînon qui sépare le gave de Pau du gave d'Oloron. Ces couches relevées à l'approche des Pyrénées, sont recouvertes presque partout de lits de terre, de cailloux roulés, qui forment vers le Nord toute la hauteur des coteaux. Jadis, ce massif devait se relier à celui du Pont-Long au nord de Pau, avant que le Gave, arrêté vers Adé par la moraine frontale du glacier d'Argelès, ne se fut rejeté vers l'Ouest en creusant la vallée de Jurançon. En dessous d'Ogeu, près de la route qui relie Oloron à Louvie, on observe dans la forme du sol l'existence des terrasses qui caractérisent si bien les moraines remaniées. Ces terrasses sont parfaitement planes, horizontales dans le sens transversal, avec une pente marquée dans le sens de la longueur. Le talus qui les limite présente toujours la même inclinaison et l'on prédit avec certitude que si on les coupe par une tranchée, on ne mettra jamais à jour la roche en place.

Un phénomène analogue, signalé en Écosse, a été expliqué par la formation d'une série de lacs, pro-

duits par le glacier qui, dans ses oscillations succes-
sives, aurait barré l'issue de la vallée, à des hauteurs
différentes. Cette explication ne peut cependant s'ap-
pliquer aux terrasses en pente des vallées pyrénéennes. Il semble plus probable que l'énorme volume
des eaux de fusion ayant d'abord étalé sur toute la
largeur de la vallée ces débris amoncelés par le glacier
à son extrémité, le cours d'eau s'est creusé un lit
plus réduit dans les terrains qu'il avait primitivement
apportés lui-même. Lorsqu'un des côtés de la moraine a offert au ravinement des obstacles moins consi-
dérables, le Gave s'est ouvert de ce côté une voie
plus profonde. Il a fini par déblayer entièrement la
fissure latérale et abandonnant son ancien trajet
direct a laissé d'immenses gradins comme témoins
de son passage. Les formes générales du sol, jusqu'à
une grande hauteur, se ressentent du passage du
glacier. Roches moutonnées, angles arrondis, vallées
latérales comblées, s'aperçoivent de tous les côtés. Le
sol même de la plaine d'Ossau n'est formé presque
partout que par la moraine du fond profondément
creusée en certains points par le Gave, comme par
exemple près d'Arudy, ou au pont de Béost. Un des
exemples les plus curieux de l'énorme quantité de

débris apportés par les moraines latérales, est le remplissage de la vallée de Bilhères. Cette vallée à large débouché a été comblée jusqu'à une hauteur de plus de 900 mètres. Le glacier se rétrécissant, a laissé sur le bord du plateau qu'il avait ainsi formé, une surélévation qui en fait un vrai fond de bassin. Les cours d'eau insuffisants pour rompre cette barrière, disparaissent dans le sol morainique pour aller ressortir dans les sources abondantes d'Izeste. Sur l'autre rive du Gave d'Ossau, se trouve presque en face la vallée de Castet, également comblée jusqu'à la même hauteur. Mais le cours d'eau ayant pu se creuser un passage à travers le dépôt, descend entre deux rives escarpées d'une énorme hauteur, dans lesquelles on ne peut découvrir autre chose que des blocs roulés et des débris glaciaires. Le bas de la montagne verte qu'on voit des Eaux-Bonnes, a été couverte des deux côtés, d'une masse énorme de débris. Le Gave de Béost a dû se frayer un passage à travers un barrage de plus de 150 mètres de hauteur. Dans le bas de la vallée du Valentin, les dislocations qu'avait produit l'entrecroisement de plusieurs fractures importantes, sont presque complètement masquées par un épais manteau morainique ; quelques roches seulement bossellent les formes arrondies du sol. Au-dessus de la nouvelle route des Eaux-Bonnes, au-delà de la maison du guide Lanusse, la roche formait une crête assez écartée de la montagne ; mais la moraine est venue la masquer en comblant l'intervalle et en formant un petit plateau qui s'étend au-dessous de la Promenade Horizontale.

Dans la vallée des Eaux-Bonnes, on a cherché en vain les traces du passage du glacier, des roches striées. Il faut dire que ce phénomène n'est pas facile à observer, surtout dans les vallées peu resserrées et servant de débouché à un bassin très réduit. Mais en revanche, on trouve au-dessus des Eaux-Bonnes, une magnifique moraine qui traverse la vallée depuis la cascade du Serpent jusqu'à la butte du Trésor. La Promenade de l'Impératrice est tracée sur ses flancs et elle forme au-dessus de la promenade un petit plateau cultivé. Dans quelques endroits, entr'autres près du chalet, elle a été cimentée probablement par du carbonate de chaux. Quelques gros blocs arrondis, enchâssés par une extrémité, semblent suspendus sur la tête des promeneurs. La position oblique de la moraine ne proviendrait-elle pas de ce que la partie Sud du glacier, plus abritée des rayons du soleil, fondait moins vite et pouvait transporter plus loin les blocs qu'elle entraînait avec elle. La Promenade Horizontale, comme nous l'avons vu tout à l'heure, est aussi, sur quelques points, tracée dans des moraines latérales, au premier tournant en particulier. La gorge des Eaux-Chaudes était admirablement placée pour recevoir des glaciers une empreinte durable : vaste bassin, débouché étroit, par conséquent pression intense et vitesse considérable. Aussi, les rochers moutonnés et striés n'y sont pas rares. A chaque instant, leurs dos arrondis apparaissent de tout côté perçant les dépôts morainiques. Dans le tournant de la vallée, la rive contre laquelle venait buter le glacier est encore fortement moutonné, mais n'a reçu aucun dépôt morainique. Au contraire, sur la rive opposée, une espèce de remous, dans le courant de glace, a permis aux débris de se déposer abondamment. Mais presque partout les éboulements des murailles verticales de la vallée sont venus recouvrir les moraines. On peut observer pourtant un phénomène intéressant, qui du reste est très facile à expliquer. C'est que dans les montagnes, les énormes blocs ne sont pas rares ; au sortir de la vallée, on n'en trouve plus guère qui dépassent trente à quarante centimètres de diamètre. Dans les basses plaines il ne reste que des petits galets qui arrivent enfin à l'état de gravier. Sous la puissante étreinte d'un glacier, les cailloux ne peuvent cheminer qu'en s'usant très rapidement. Une fois livrés au cours d'un fleuve, ils avancent au contraire presque sans compression. La grosseur de ceux qui sont entraînés varie suivant les saisons, avec le volume et la rapidité des eaux, et ils doivent se déposer par lits alternés, sans avoir subi de réduction de volume bien sensible. Cette diminution graduelle de grosseurs, s'observe très nettement dans la vallée d'Ossau. Que l'on examine les moraines des Eaux-Bonnes, puis celles d'Aas, les blocs de Sévignac, la moraine de Gan, les coteaux de Pau et on reconnaîtra l'évidence de ce fait, qui permet de conclure que nous sommes en présence d'effets glaciaires.

C'est donc aux débris descendus des Pyrénées, qu'est dû en entier ce gigantesque manteau qui recouvre les couches rocheuses depuis l'Océan jusqu'aux limites des Hautes-Pyrénées.

On distingue deux périodes glaciaires. L'une d'elles, appelée période miocène, n'attaque pas les couches calcaires des Pyrénées, tandis que la seconde, pliocène, a transporté en abondance les granits et les ophites qui surgirent à la surface du sol à la fin de la période pliocène, coïncidant avec le soulèvement des Alpes principales. Un fait à remarquer : c'est que du temps du premier pic du glaciaire, l'altitude de la chaîne des Pyrénées était bien supérieure à ce que nous voyons aujourd'hui. Pendant la période glaciaire quaternaire, cette supériorité d'altitude n'existait plus ; les glaciers ont pris une extension beaucoup moins considérable. Mais les traces qu'ils ont laissées étant plus récentes sont bien plus nettes, mieux conservées et frappent les yeux de tous côtés. Ce qui les caractérise surtout, c'est la grande abondance des échantillons de granit et d'ophites entraînés dans les moraines. Ce fait s'explique non-seulement par la puissante dénudation déjà opérée sur les couches calcaires par les glaciers miocènes, mais aussi, comme je l'ai déjà dit, par l'intervention des deux soulèvements des Alpes occidentales qui, entre deux périodes glaciaires, étaient venus fissurer tout le massif pyrénéen et mettre ainsi à découvert les couches profondes.

Comme nous l'avons vu, les Pyrénées ne sont pas du tout d'une origine volcanique. Mais il existe près de Louvie une montagne qui peut-être doit son existence à cette force puissante du feu souterrain. Dans une vaste enceinte d'environ trois myriamètres de circonférence, dominée par une crête de montagnes assez élevées, on trouve les quartiers dénommés Merdonson, Lou-Rey, Cartet Arrougé. Au centre de ce vaste espace, il s'élève un monticule appelé Mont-Caüt (mont chaud), composé de rochers d'ophite, entassés les uns sur les autres, sans ordre ni liaison, d'environ 80 mètres de hauteur. A sa cime se trouve un petit plateau de terre, noirci, bitumineux, entou-ré de mêmes rochers d'ophite, irréguliers, hérissés de pointes informes. A la base de ce monticule, jaillit un petit filet d'eau qui semblerait onctueux. Ces rochers d'ophite, dont se compose Mont-Caüt, ne ressemblent guère aux rochers de la même espèce qu'on rencontre ailleurs dans les Pyrénées.

Mont-Caüt semblerait postérieur à ces grandes révolutions physiques qui ont bouleversé et changé toute la surface du globe. La langue béarnaise a conservé à quelques-uns de ces quartiers de monta-gnes des noms qui indiquent la présence du feu. Si nos ancêtres n'ont point vu des flammes s'élever, ils ont cependant dû reconnaître dans les lieux le témoignage évident de leur action. Mont-Caüt, comme je l'ai dit, signifie montagne chaude. On trouve dans les environs, Perné-Caude (quartier chaud, usclat, brûlé) ; Arriü caüt (ruisseau chaud). Ainsi le nom de ces endroits indiquent le souvenir du feu. Serait-ce que cette montagne provient d'une éruption volcanique ? Cette roche noire qui semble avoir quelque analogie avec le basalte, criblée de petits trous qui indiquent des traces d'ignition, est-elle volcanique ? Mont-Caüt aurait-elle été poussée à la surface à la suite de quelque tremblement de terre violent sans éruption volcanique ? Voici ce qui se passa le 22 mai 1814.

On ressentit ce jour-là, dans toutes les Pyrénées, un tremblement de terre violent, accompagné d'un bruit souterrain qui causa de grands désastres et dont le souvenir n'est pas encore éteint. Au moment de la secousse, l'une des montagnes, Lou Rey, se fendit depuis sa cime jusque près de sa base. Du village de Ste-Colombe, distant de 5 kilomètres, on vit à travers cette ouverture les bergers qui se trouvaient au-delà du quartier Lous Goït et presque aussitôt cette ouverture se referma sans dépression ni soulèvement.

LES EAUX-BONNES ET LE PIC DU GER

IX

Es formations si nombreuses et si variées
que nous venons de passer en revue, contiennent un assez grand nombre de gisements métal-
lifères, dont quelques-uns ont été mis en valeur dès
l'époque la plus reculée. La tradition raconte que
les Basques découvrirent les premiers le fer et commencèrent sa fabrication. Les Phéniciens trouvèrent à
leur arrivée une quantité considérable de métaux
précieux qui satisfit complètement leur avarice bien
connue. Suivant M. Mettrier [1], il existe un gisement
anthracifère, dans le terrain carbonifère des environs

1. — METTRIER : *Ressources minérales dans Pau et les Basses-Pyrénées.*

du Pic du Midi d'Ossau, mais à cause de la difficulté du transport, ce précieux combustible minéral n'est pas exploité. Quant aux mines de fer, toutes les vallées en possèdent et chacune avait, il y a une cinquantaine d'années, son groupe d'usines métallurgiques. On en comptait, dans les derniers jours de la monarchie de Juillet, huit pour la fabrication de la fonte au bois ou du fer catalan et six pour la fabrication du gros fer. Ce nombre était alors en harmonie avec le mouvement factice qu'avait produit le développement projeté des chemins de fer.

La plupart de ces forges étaient placées dans de mauvaises conditions, soit sous le rapport du combustible — le charbon de bois étant pour elles rare et cher, — soit au point de vue des transports qui ne pouvaient s'effectuer qu'à dos de mulet. Aussi, lorsqu'après la Révolution de 1848, la construction des chemins de fer fut soudain arrêtée, les grandes usines de houille durent tourner leurs productions vers le fer marchand et plusieurs forges éteignirent leurs feux. Le développement de la grande industrie et les traités de commerce vinrent consommer la ruine. Les derniers foyers s'éteignirent en 1866 et seule l'usine près d'Oloron subsista jusqu'en 1880.

Cependant, il faut aussi remarquer que les gites ferrifères de Bilhères, de Béost et d'Aste-Béon, n'ont jamais donné que des produits inférieurs et il faut arriver jusqu'aux environs de Larron pour trouver d'anciennes exploitations importantes, comme celles d'Ahrgo, d'Etchebar et de Barkéguy.

Les exploitations commencèrent en 1852 et trente ans plus tard on constata la présence de manganèse dans le val Pombié, qui se trouve sur les flancs Est du Pic du Midi d'Ossau. On avait songé, lors des premières tentatives, à utiliser ce produit en même temps que ceux de la mine de plomb et de zinc d'Arre, mine assez peu éloignée. Une usine était déjà en projet de construction : cependant rien ne se réalisa ; même de nos jours, ce minerai reste inexploité. Mais ce qui abonde surtout dans la haute vallée d'Ossau, ce sont les minerais de plomb et de zinc argentifère. Il y existe trois concessions : d'Arre, d'Anglas et de Barthèque. La plus ancienne, celle d'Arre, est située au Sud du Pic du Ger. Elle comprend six filons dont trois méritent une sérieuse attention. Lors des premiers travaux, vers 1850, on s'était particulièrement attaché au filon St-Pierre qui court N. 122° E. à l'altitude de 2.300^m, entre des

calcaires marbrés et des schistes quartzeux. On y
avait reconnu, aux affleurements dans une gangue de
pyrrothène, la présence de l'argent natif et de l'arsenic antimonié de nickel, minéral rare et très argentifère (11 kil. par tonne de plomb d'œuvre), auquel
on donne le nom d'arite. Mais les travaux d'Arre
furent bientôt abandonnés et ce n'est qu'en 1882
qu'on s'est préoccupé de réexploiter ce filon. La veine
du pyrrothène a été recoupée par un travers-bancs
pris à partir des travaux de St-Sauveur et on la suivit
en direction pendant l'été de 1892. Le filon sur
lequel on a le plus travaillé (1876-1886) est le filon
blendeux de St-Sauveur, dirigé N. 50 à 60° E. et
recoupant celui de St-Pierre. Il a été entièrement
tracé au moyen de cinq niveaux, mais il s'est évanoui
à peu près à toutes les avances ainsi qu'au fond des
travaux. La quantité totale de blende brute extraite
dépassa 2.700 tonnes et le filon a rarement plus de
0^m 30 de puissance à peu près massive. De grands
câbles avaient été installés pour descendre les produits dans la vallée des Eaux-Chaudes, mais ils n'ont
jamais fonctionné et les minerais sont restés inuti-
lisés à la mine. Quant au troisième filon, celui de la
Géogne d'Arre, situé plus bas à 2.050 m., la partie

supérieure en paraît fort peu encourageante ; très quartzeuse, elle ne renferme que quelques nodules de galène et il y aurait lieu d'explorer le filon à un niveau inférieur. Les travaux d'Arre ont d'ailleurs été délaissés depuis quelques années pour ceux d'Anglas, mine située à 2.100 mètres dans la haute vallée du Valentin. Cette dernière porte sur un filon blendeux à gangue calcaire, dirigé N. 75° E. presque vertical et encaissé dans des schistes siliceux dévoniens qui traversent des filons d'une sorte de micragronulité. Le minerai y est disposé en colonnes riches, séparées par des intervalles plus ou moins stériles et la puissance réduite moyenne est de 0^m25. L'aménagement consiste en trois niveaux distants de 20 mètres et reliés par des cheminées et le dépliage des massifs riches s'opère par gradins droits ou renversés. La production de 1886 à 1891 a été de 4.600 tonnes de blende à 50 % de zinc, provenant d'une quantité triple de minerai et valant de 120 à 150 fr. la tonne sur place avec les cours récents du zinc. Cette blende est d'une pureté remarquable et le zinc qu'on en obtient ne contient pas plus de 0,25 % d'impuretés. La préparation mécanique de la blende brute a lieu après descente, sur 3 kilomètres de longueur, par des câbles aériens du système Bullivais, à l'atelier de Gourette, situé à l'altitude de 1.300 mètres au fond du vallon des Eaux-Bonnes. Le minerai tout venant, y est partagé par des grilles en trois catégories, dont la plus grosse est cassée au maillet et répartie entre les deux autres. L'exploitation occupe 150 ouvriers dont 85 à la mine, 15 aux câbles et 50 à l'atelier d'enrichissement. Malgré de nombreuses difficultés, elle a pu se maintenir jusqu'ici, grâce à la continuité du filon et aux hauts cours de zinc. Le filon de Barthèque au S. O. de Laruns fut aussi un moment le sujet de quelques attaques, mais il devint vite pauvre et irrégulier et on arrêta les recherches. Le cuivre existe aussi en quantité assez importante dans la vallée d'Ossau. Nous pouvons citer une concession de ce métal précieux dans la montagne d'Aspech, près Bielle, mais elle n'est pas encore entrée en exploitation régulière.

Le tableau des richesses minérales ne paraîtrait pas complet si nous ne disions rien des marbres dont la vallée peut être fière. Les marbres foncés d'Arudy, connus sous le nom de Ste-Anne, et les noirs d'Izeste sont assez activement exploités. Débités sur place au moyen d'un câble d'acier, mû par une locomobile, ils sont travaillés dans la marbrerie Geruzet à Bagnères-de-Bigorre. On trouve à Laruns des marbres blancs très recherchés. Les schistes ardoisiers, fréquents dans les montagnes, sont exploités aux Eaux-Bonnes, à Laruns et à Louvie.

Le gypse ou pierre à plâtre se trouve dans de grandes excavations de Sévignac et Meyracq. Ces excavations communiquent avec le jour par des puits munis de manèges d'extraction et les travaux sont souvent gênés de certains côtés dans leur développement par la proximité d'anciennes excavations remplies d'eau. En relation avec le gypse, existent presque partout des pointements ophitiques, mais l'ophite n'est pas exploité dans les carrières que je viens de nommer. Enfin, les tourbières des environs de Buzy et d'Ogeu contiennent beaucoup de combustibles précieux de qualité excellente et d'une exploitation très facile.

VUE GÉNÉRALE DES EAUX-BONNES ET LA PROMENADE HORIZONTALE

X

'AI déjà eu l'occasion de parler d'un homme qui aime passionnément les Pyrénées, qui les a étudiées à fond et dans le livre duquel chacun puisera des renseignements très intéressants. M. le comte de Bouillé a voulu donner le nom très modeste de *Guide* à son ouvrage important. Mais ce guide *Jam* ne ressemble guère à ses confrères banals. C'est le travail d'un érudit, d'un botaniste, d'un zoologue et c'est à cet infatigable travailleur que M. le Maire de Pau s'est adressé pour avoir des notes sur la flore, entomologie, zoologie et paléontologie de nos montagnes, renseignements nécessaires pour le Congrès scientifique qui s'est tenu dans cette ville en 1892. C'est dans ces documents-là que nous trouvons les détails suivants sur la question que nous devons traiter dans ce chapitre. « Quand on parcourt les Pyrénées au mois de juin, dit le comte de Bouillé, on est enivré. Cette profusion de fleurs généralement inconnues dans la plaine, ces lépidoptères, étranges comme la flore elle-même, tout nous transporte. Le peu d'instants où il nous est donné d'en jouir est encore un de leurs charmes. Quand nous quittons les Pyrénées, nous leur disons : Adieu !... comme si nous abandonnions un ami. » Ces montagnes possèdent quatre-vingt-huit espèces spéciales de plantes, lorsque les Carpathes n'en ont que vingt-neuf, les Cévennes deux et l'Oural rien qu'une [1]. Voici quelques-uns des riches représentants de la flore pyrénéenne.

La *Vaccinium Myrtillis* se trouve sur le Pic du Ger. On la voit aussi dans les endroits humides, mais ordinairement elle préfère les lieux secs. L'*Empetrum Nigrum,* du Pic du Midi d'Ossau, nous est disputé par la Laponie et le Spitzberg. C'est une plante arctique qui fait le tour du pôle, habitant la Sibérie sep-

1. — GRIESEBACH : *Végétation du Globe d'après sa disposition suivant le climat.*

tentrionale, le Caucase entre 2.400 et 3.000 mètres d'altitude et même l'Altaï [1]. Le *Parnassia Palustris,* si commun aux Eaux-Bonnes et dans toute la chaîne, surtout dans les lieux humides, comme du reste le prouve son nom : *palustris,* de *palus,* marais en latin. On le trouve cependant dans les endroits même très élevés, jusqu'à 2.500 mètres, comme par exemple dans l'Himalaya et au Caucase. Le *Swertia Perennis,* si commun dans ces montagnes, manque complètement dans le nouveau continent et dans la péninsule scandinave. Le *Saxifraga Oppositifolia* [2] est antérieur au soulèvement des Pyrénées, des Alpes, du Caucase et de l'Himalaya. A cette époque, il s'étendait jusqu'à l'Himalaya, tandis que le *Saxifraga Aïzoon* n'atteignit que le Caucase. Aujourd'hui ces saxifrages couvrent toutes les Pyrénées et sont les dernières plantes qui fleurissent au pôle. Quand on rencontre le *Scilla Verna,* on ne se doute pas des services qu'il rend à l'ours. Le préjugé populaire qui nous représente cet animal léchant ses pattes pendant l'hiver, n'est rien moins que prouvé. Endormi dans sa tanière,

---

1. — Séance de la Société Botanique de France, 22 Décembre 1871, p. 415.

2. — P. 119 de la *Revue Bibliographique de la Société Botanique de France,* t. XIX, 1872. — Monographie du genre Saxifrage et Engler-Breslau.

il consomme sa graisse durant le repos forcé auquel le condamnent les montagnes ensevelies sous les neiges ; mais dès le mois de févrïer, lorsque les premières plantes commencent à paraître, la première nourriture qu'il goûte, c'est la feuille rafraîchissante du *Scilla*. En même temps que cette plante, on aperçoit le *Daphne Mezereum* qui fleurit avant d'avoir les feuilles, embaumant de son parfum l'atmosphère. La jolie *Anemone Hepatica* commence aux coteaux de Pau et abonde dans les rochers de la plaine, surtout près d'Arudy. A mesure qu'elle monte et qu'elle grimpe, quelquefois à une hauteur de 2.000 mètres, sa couleur blanche devient plus foncée pour se changer tout-à-fait en bleu. La *Gentiana Verna,* si répandue à Rébénacq, se trouve même sur les sommets dont l'altitude dépasse 1.500 mètres. Il est à remarquer que les fleurs des montagnes ont généralement peu d'odeur. Après les rosiers, qui ont partout un parfum exquis, on pourrait placer de suite le *Daphne Oneorum* et son confrère le *Daphne Mezereum ;* puis vient le *Primula Farinosa* qui pousse dans les tourbières et les marais. Le *Lilium Pyrenaicum* a des senteurs trop âcres et plutôt désagréables, mais en revanche le *Dianthus Monspessulanus* possède un parfum remarquable. Aucune violette montagnarde n'a d'odeur et parmi les œillets il n'est que le *Dianthus,* que je viens de nommer, qui pourrait être classé parmi les fleurs odoriférantes.

Citons maintenant la *Sulfuraire* à filament velouté et floconneux qui se dépose au fond du verre lorsqu'on le remplit d'eau thermale. Douée d'une organisation déterminée, elle a été classée botaniquement par le Dr Fontan. En épigraphie hiéroglyphique, l'épervière symbolise la fécondité et quelquefois même Dieu, auteur de toute création. Ces *Hieraciums* (Épervière), sont une des plantes les plus fécondes qui existent. Le moindre zéphir emporte leurs graines, les transportant à des distances énormes. Elles préfèrent les rochers à la terre et poussent partout où elles s'accrochent. Grenier-Godron signala l'*Hieracium Nobile* comme variété spéciale qui pousse surtout aux Eaux-Bonnes.

La flore n'est pas moins riche même sur les cimes élevées. Ainsi, sur le Pic du Ger, le comte de Bouillé a trouvé les espèces suivantes : *Anthyllis vulneraria, Allioni, Arenaria Purpurascens, Saxifraga Iratiana, Sedum Atratum, Gentiana, Galium Verum, Silene Acaulis, Oxytropis Montana, Thymus Serpillum,*

Juniperus Alpina, Salix Herbacœa, Leontodon Pyre naicus, Iberis Nana ou *Spathulata, Potentilla Nivalis, Asperula Hirta, Valeriana Globulariœfolia.* Et au Pic du Midi d'Ossau, à une hauteur de 2.885 m. : *Sideris Hyssopfolia, Androsace pubescens, Draba Aizoides, Primula Integrifolia, Lycopodium Alpinum, Campanula Stolonifera, Empetrum Nigrum, Leontopidium Alpinum, Avena Montana, Agrostis Rupestris, Cerastium Alpinum* et enfin *Silene, Acaulis, Saxifraga Iratiana.* Maintenant, puisque nous sommes sur les sommets, il est bon de connaître les lichens qui poussent à cette altitude et le *substratum* qu'ils préfèrent.

PORPHYRE. — *Lecidea geographica, Mubilicaria hirsuta.*
PETROSILEX. — *Lecidea geographica.*
SCHISTES. — *Lecidea contigua subercrustacea.*
OPHITE. — *Lecidea geographica.*
QUARTZITE. — *Lecidea atro — alba. Placodium murorum.*
CALCAIRE SILICEUX. — *Placodium, Lecidea galactina. Lecanora dissipata. Verrucaria nigrescens.*

Le sol des Pyrénées produit 285 espèces de plantes pharmaceutiques, dont 74 inscrites au Codex, que les pharmaciens ne peuvent se dispenser de tenir. Mais malheureusement il ne se fait pas de commerce d'exportation et il n'y a guère que l'*Arnica*

qui se vende hors du département. Cependant, les
pharmaciens qui viennent dans les stations thermales s'approvisionnent sur les lieux de *Cochlearia,*
de l'*Aconit,* de la *Belladone,* de la *Gentiane,* de la
Jusquiame et de la *Digitale.* Un grand avantage en
résulte, car on obtient avec ces plantes fraîches des
alcoolatures auxquelles ne peuvent être comparées
les teintures que donnent les mêmes espèces desse-
chées. Depuis la publication des *Codex Medicamenta-*
rius, les poisons les plus violents nous sont connus
et il faut ajouter qu'il n'en manque pas dans la vallée
d'Ossau. Ainsi, le *Thalictrum macrocarpum* est très
abondant dans la commune d'Aàs entre les Eaux-
Bonnes et le Pic du Ger. On doit au Dr Doassans une
étude botanique, chimique et physiologique qui
prouve les propriétés paralysantes de cette renoncu-
lacée sur le système nerveux central. L'injection
intra-veineuse d'un gramme ou deux d'extrait de ce
Thalictrum suffit pour tuer un chien en cinq minutes.
L'*Aconitum Nappelus* est encore plus effrayant que
le *Thalictrum :* un milligramme d'*Aconitine* peut
envoyer un homme dans l'autre monde ; et cependant que de services ce toxique rend maintenant
dans la médecine. Les deux agents dont je viens de

parler ont une certaine action sur les muscles de la vie animale ; l'un et l'autre abaissent progressivement la température. Le *Ranunculus Thora* renferme aussi un poison très fort. Les anciens s'en servaient jadis en trempant la pointe de leurs flèches dans l'extrait de ces racines. L'*Aconit* jaune forme son contre-poison très actif et Linné nous en a conservé le souvenir en le nommant *Aconitum Anthora*. Mais le poison le plus violent est incontestablement le *Veratrum Album* qu'on ramasse au nord du Pic du Midi d'Ossau. Le *Meconopsis Cambrica,* qui fleurit toute l'année, n'est dangereux que pour les animaux. Lorsque les vaches ou les brebis en ont mangé, elles sont dans une excitation extrême et en meurent quelquefois. Pour ne plus revenir aux plantes qui ont un intérêt pharmaceutique, je dirai que l'*Alium Victoralis,* transporté du Pic du Midi d'Ossau, croît aux bords des lacs ; que les Chinois se servent de notre *Alisium Plantago* (pain de grenouilles) pour la sécrétion du lait et prétendent que l'homme qui en fait usage peut marcher sur l'eau, et qu'enfin le *Lappa Minor* s'emploie contre les morsures des vipères.

L'espace me manque pour indiquer toutes les plantes spéciales des Pyrénées, mais il y en a quelques-unes qui s'imposent à notre attention. Entre Louvie et Laruns se trouve dans les prairies l'*Erodium Manescavi,* qui fleurit toute l'année au soleil en terrain léger, surtout s'il y a plus de pierre que de terre. Le *Lithospermum Gastoni,* que Benthan a dédié à Gaston Sacaze, célèbre botaniste, gloire d'Ossau, croît partout au-dessus de 2.300 m. : plante rustique, fleur d'un jour.

On vend au marché de Pau le *Lithospermum offi-cinale ;* on s'en sert comme thé et on lui en donne même le nom.

Dans les forêts qui couvrent toutes les Pyrénées, on peut voir des arbres de différentes espèces, parmi lesquels le hêtre occupe la place prédominante. Les anciens, dans le temps du paganisme, lui rendaient des hommages divins. Les générations actuelles n'apprécient pas moins cet arbre qui produit la créosote, médicament très efficace dans les maladies de poitrine.

LA VALLÉE DE LARUNS (VUE PRISE DES EAUX-BONNES)

XI

IL y a environ vingt-sept espèces de mammi-
fères dans les Basses-Pyrénées sans compter
les petits rongeurs. Quelques-uns sont l'objet d'un
commerce de fourrures, comme par exemple l'ours,
la fouine, le renard charbonnier, le renard rouge, la
genette et la martre. Les autres et parmi eux le
loup, le lynx, le chat sauvage, l'hermine, la belette,
le hérisson, le lièvre, l'écureuil rouge et noir n'en-
trent guère dans le commerce, soit à cause de leur
rareté, soit à cause de leur peu de valeur. Chevreuils
et izards ne sont pas rares et la chasse de ces animaux
est devenue un amusement très goûté par les étrangers qui passent l'été aux Eaux-Bonnes. Quant aux
oiseaux, les petites espèces en sont très rares sur les

hauteurs, où rien ne les garantit contre les oiseaux de proie. Parmi ceux qui montent le plus haut, comme par exemple à 3.300 mètres, il faut citer le Pinson des neiges, l'Ascenseur pegot, le Trichodrome Echelette, le Rouge-Queue et le Traquet moteux. Les chasseurs rencontrent quelquefois la perdrix grise, mais son plumage diffère de celui de la perdrix grise ordinaire. Le Tetras Auerhaan, plus connu sous le nom de Coq de Bruyère, habite les forêts et descend souvent à 1.000 mètres. Si vous entendez un cri plaintif et répété, sachez que c'est le Pic noir (Picus martius). D'habitude il choisit un tronc de sapin mort et il est très drôle avec sa calotte rouge, son habit noir et ses yeux tout-à-fait blancs. Parmi les oiseaux de proie, le plus commun est certainement le vautour-griffon, tout blanc, avec le bout des ailes noir ; son œuf vaut quatre francs et les bergers sont très habiles à les trouver. L'oiseau le plus grand des montagnes s'appelle le Gypaëte (Gypaëtus barbatus); il devient énorme lorsqu'il ouvre ses ailes. Il existe aussi une espèce commune à toute la chaîne, la plus rapide par son vol, la plus gaie, la plus criarde. Tous ces oiseaux nichent au soleil, sur les branches des arbres, sur la surface du sol, sur les rochers. Leurs cris rappellent les coups de fouet des guides, le déchirement des mitrailleuses, le crépitement des feux de peloton. Si vous voulez vous en faire une idée, prononcez leurs noms sans vous arrêter : *Pyrrhocorax Choquards*, *Pyrrhocorax Coracias*. Les premiers ont le bec jaune comme le merle, qui se trouve en quantité considérable dans les Pyrénées ; les autres l'ont rouge comme le corail. Je crois que les Martinets de montagne (Cypselus Alpinus) ne seraient pas contents si je les passais sous silence. L'éclair ne sillonne pas l'espace d'une manière plus vertigineuse ; ils vont avec un tel entrain, qu'ils nous renverseraient s'ils nous heurtaient. On est ébloui de les voir se précipiter de sept à huit cents mètres pour remonter aussi vite. Les hirondelles s'abritent volontiers auprès des rochers, ainsi que le corbeau noir dont la longueur dépasse 70 centimètres.

Le Cincle plongeur (Cinclus aquaticus) se promène plus aisément au fond de l'eau que sur la terre. Commun dans toute la chaîne, il monte jusqu'aux lacs situés à une altitude de 2.000 m., mais lorsqu'on le poursuit à ces hauteurs, au lieu de s'enfuir sur la rive, il se réfugie dans les roches élevées. L'aigle qu'on aperçoit souvent tournoyer au-dessus des montagnes est le Jean-le-Blanc (Falco brachydoctilus). Il se nourrit des vipères en les avalant par la tête. Les serpents se rencontrent souvent dans les promenades, mais ils sont, pour la plupart, inoffensifs, excepté la vipère qu'on peut reconnaître facilement à sa tête en forme de museau de bouledogue, sans plaques et recouverte entièrement d'écailles. Il est bien singulier que le serpent, depuis un temps immémorial, inspire un dégoût et une frayeur involontaires plus grands que d'autres êtres souvent plus dangereux. D'où vient donc cette répulsion ? Pourtant, chez les anciens, il n'est pas seulement le symbole d'une divinité médicale, mais veut dire souvent la *vie même*. *Evs* en grec signifie serpent. Si l'on fait précéder ce mot du signe hiéroglyphique du serpent, Z, on obtient Zevs, origine sanscrite du nom grec qui signifie Jupiter Olympien, l'auteur de la vie ; d'où *Deus* et le mot Theos qui sert à désigner Dieu en général[1]. Enfin, quand les Egyptiens voulaient figurer l'éternité, ils peignaient un serpent qui avait la queue cachée sous le reste du corps. Ils

---

1. — EUSÈBE : *Préparat. évangél.*, vol. I, lib. I, pp. 43, 44.

le faisaient en or et, l'appelant *Uracus,* le plaçaient sur la couronne royale[1].

Passons à présent rapidement en revue les lépidoptères, ces jolis insectes qui naissent dans un rayon de soleil et s'endorment bien vite enivrés du parfum des fleurs. Symbole du plaisir dont il est la vivante image, le lépidoptère tombe en poussière sous les doigts qui le touchent. Malgré cette fragilité, il représente souvent un capital considérable. En Espagne, le général Dejan a payé 1.500 fr. la Chelonia Flavia que l'on n'avait encore trouvée qu'en Sibérie.

M. de Ripert entretenait un garde particulier dont les uniques fonctions étaient de protéger le Catocala Optala. Voici la liste de quelques espèces trouvées dans le pays que je décris :

PAPILIO. — *Padolirius.*
PIERIS. — *Nappi, Callidice.*
ANTHOCHARIS. — *Simplonia.*
RHODOCERA. — *Cleopatra.*
COLIAS. — *Palœno, phicomone.*
POLYOMMATUS. — *Virgaureœ, Eurydice.*
NYMPHALIS. — *Populi.*
VANESSE. — *Atalanta, urticæ, Cardui.*

On peut diviser les lépidoptères en casaniers et en voyageurs. L'Atalanta (vulcain), l'Urticæ (tortue) et

1. — *Essai sur Zeus,* par M. CALLONDRBAU ; Angoulême, MDCCCLXIX.

Cardui (belle-dame) sont éminemment casaniers. Ils adoptent un espace très restreint et n'en bougent pas. Ils sont tous trois très communs dans la plaine et ce qui est extraordinaire on les voit aussi au sommet du Pic du Ger et du Pic du Midi d'Ossau. Les *Pieris* et les *Colias* sont voyageurs, habitants de hauteur, ils volent si vite qu'il est presque impossible de les attraper sans risquer de se casser la tête. Parmi les lépidoptères nocturnes, je citerai *Triphœna*, Orbona ; *Chersotis*, Ocellina ; *Agrotis*, Agricola et Recussis, et enfin *Abrostola*, Asclepiadis.

En 1843, Léon Dufour a publié dans le *Bulletin de la Société Scientifique de Pau*, une excursion entomologique dans les montagnes de la vallée d'Ossau. Son catalogue descriptif contient 768 espèces de coléoptères.

Je ne donne ici qu'une liste très abrégée de ces insectes :

CARABIQUES. — *Carabus Pyrenœus*, qui monte quelquefois jusqu'au Pic du Ger ; *Carabus splendens*, le plus joli des Pyrénées, habite en quantité les Eaux-Bonnes.

CISTELIDAS. — *Serropalpus striatus.*

ELATERIDAS. — *Campylus denticornis. Athous canus.*

Ce dernier se vend 20 fr. la pièce. Il choisit pour sa demeure les feuilles de fougère sur la rive droite du Valentin.

L'*Athous titanus* est coté encore plus cher et ce n'est pas rare de le voir acheter 100 francs. Il se trouve sur la rive opposée de la même cascade.

Cerambyas. — *Rosalia Alpina* est très recherché des jeunes filles qui en ornent leur coiffure. *Ariomia rosarum* fort appréciée par les priseurs qui en parfument leurs tabatières.

Sylphas. — *Peltis ferruginea, Rhysodes sulcatus, Chrysomelas limbata.*

Pour en finir avec les coléoptères, je dois dire deux mots des insectes qui se rattachent pour la plupart à leur ordre. Je veux parler des insectes aveugles, très recherchés par les entomologistes et qui se trouvent en assez grand nombre dans la grotte de la vallée d'Ossau.

L'idée d'explorer les cavernes appartient aux naturalistes allemands et les premiers insectes aveugles furent trouvés à Larbach, en Carniole. Cette intéressante découverte mit aussitôt en émoi les entomologistes de tous les pays, et des explorations eurent lieu sur divers points. Dès lors, les découvertes des espèces nouvelles se multiplièrent assez rapidement. D'abord en Allemagne, puis ensuite en France ; et ce furent les Pyrénées qui en fournirent le plus grand nombre. D'après les observations faites, ces petits insectes sembleraient se trouver exclusivement dans les grottes des terrains calcaires. Leur recherche demande beaucoup de persévérance et il faut remarquer qu'ils se trouvent plutôt à l'entrée des grottes qu'au fond. Comme les plantes auxquelles la privation de la lumière fait perdre leur couleur, les insectes vivant dans l'obscurité ne présentent jamais de coloration foncée et sont toujours d'un jaune pâle qui ne prend que très rarement une teinte brunâtre. Les espèces dont nous parlons appartiennent à différentes familles. Le plus grand nombre (Aphœnops Anophtolinus, Feronia) font partie de celle des Carabiques ; quelques-uns (Leptinus, Adelops Phaleon) se rangent dans celle des Silphides, d'autres (Machocrites) dans celle des Seydinemoes et deux seulement (Trogloriuchus) dans celle des Charangons. Ils sont presque tous d'une forme allongée ou ovale, d'une taille quelquefois assez grande et se nourrissent de petits animaux, car ils sont essentiellement carnivores. L'organe de la vue est remplacé chez eux par le tact développé à un très haut degré. Ce qui explique parfaitement l'utilité de leurs longues antennes et des soies mobiles dont leurs corps se trouvent pourvus. Quelques-uns courent si vite qu'ils parviennent à prendre des mouches et des phryganes.

Avant de quitter la vallée d'Ossau, je voudrais jeter un dernier regard sur ses champs, sur ses forêts, sur ses grandioses montagnes. J'envie celui qui viendra vous voir, ô lieux délicieux, où j'ai passé tant d'heureux jours ! Vous saurez charmer chaque cœur par la poésie infinie de vos beautés, car vous comprenez mystérieusement les peines les plus secrètes de l'âme humaine, et invisiblement vous répondez à tous ses désirs. Oui, je suis d'accord avec vous, mon cher et vénéré ami [1], que, même la solitude, dans ces montagnes, est pleine d'attrait. Quels retours on y fait sur soi-même en regardant ces immobiles et prodigieux colosses dont la durée et l'éternelle jeunesse rappellent, à tout moment, la petitesse de l'homme et sa fragilité. Oui, le *Souvenir d'un Montagnard* était le premier livre que j'ai lu sur les Pyrénées. C'est ce beau livre, écrit par un vrai poète, qui m'a fait aimer les montagnes avant même de les avoir vues et m'enflamma du désir de contempler tous les trésors qui y sont décrits.

Celui qui lira ces descriptions pensera comme moi et ce petit volume deviendra certainement son compagnon inséparable.

1. — M. le comte HENRY RUSSELL : *Souvenir d'un Montagnard*, p. XIII.

TYPES DU PAYS — DANSE OSSALOISE

XII

Je voudrais avoir le secret d'une langue à la fois droite et romanesque,
austère et tendre pour peindre cela sans
le profaner.

IL nous reste, pour compléter la description de la vallée, à dire quelques mots de ses habitants, de ces braves Ossalois si hospitaliers et si francs. Ce n'est pas sans raison qu'on dit que l'*Ossa-lés n'ha de groussiè qué la pelhe* (Ossalois n'a de grossier que le vêtement).

Puisque nous sommes dans le domaine des dictons, voyons ce que nous en dit M. Lespy, cet illustre savant béarnais [1]. *Tua et loup* (tuer le loup, faire ripaille). Cette locution s'emploie dans le sens de

1. — Lespy : *Dictons et Proverbes du Béarn*, p. 122.

s'enivrer. Au sujet de son origine, on raconte que les jurats d'Ossau, *los juratz Ossalés,* ne se réunissaient presque jamais sans se livrer auparavant à quelques réjouissances *inter pocula.* La frairie était d'autant plus copieuse qu'aucun d'eux n'avait à se préoccuper de ce que lui coûterait son écot, car tout se payait sur les fonds de la communauté.

Mais ces dépenses n'étant pas de celles qui peuvent être autorisées par les règlements, on les consignait au budget sous la rubrique fallacieuse de collation offerte aux chasseurs d'ours et de loups. Selon que la collation avait été plus ou moins copieuse, on inscrivait qu'elle avait eu lieu en l'honneur de la destruction d'un loup, d'un ours ou d'une ourse. De là, les expressions graduées : *tua et loup,* faire ripaille ; *tua l'ous,* faire grande ripaille ; *tua l'ousse,* faire une ripaille pantagruélique. Que dut donc être la frairie que l'on fit en 1742 lorsqu'on prit « quatre ours, quatre loups et une louve ». La grande taille des Ossalois a donné lieu au proverbe : *Lous Ossalés soun de gran lhebade.*

Un de leurs compatriotes, Théophile de Bordeu, disait : Ces montagnards tiennent un peu de la race des géants. Mais ce qui leur est resté certainement des Basques, c'est l'amour pour la musique et pour les danses. La danse peut être considérée comme leur amusement favori : c'est le branlou, le menuet, la pavane et les rondes rarement circulaires que le danseur ossalois est fier de connaître. On danse au son du violon et ce n'est qu'aux grandes occasions que le flageolet à trois trous et le bizarre instrument *lou tambouri* viennent prêter leur harmonie monotone et originale. « *Haüt ! passe-carrère, haüt !* » Allons ! passe la rue, allons ! sont les cris des danseurs avant le commencement. Deux bandes de jeunes gens des deux sexes, marchant en groupes séparés, s'arrêtent et chantent alternativement des chansons. Quand les premiers ont terminé leur couplet, ils avancent plus loin, à une certaine distance, pour recommencer. Ils sont remplacés par un second groupe qui s'arrête pour chanter à son tour [1]. Comme ce jeu se prolonge tard le soir, l'expression proverbiale « *Qu'ha heigt trop passe-carrère* » ; elle a trop fait passe-rue, n'est pas un renseignement qui prévienne en faveur d'une jeune fille, *qui aime trop le bal.* — « *Hartère et briaguère d'enterrament* » (repas

---

1. — *Notice sur la vallée d'Ossau*, par M. le comte d'ANGOSSE.

copieux après l'enterrement) se dit d'une coutume fort répandue dans la vallée et commune, je crois, à tous les pays.

L'usage de festiner après le retour d'une cérémonie d'enterrement, nous a été sans doute légué par nos aïeux païens. C'est en vain que l'autorité civile et religieuse voulut souvent intervenir pour faire cesser ces restes de paganisme. Ils ont survécu à toutes les défenses, et sont pratiqués seulement aujourd'hui avec le caractère plus convenable amené par le progrès naturel des mœurs. L'antiquité transmit aussi une coutume fort singulière, c'est d'accompagner les funérailles par des improvisations rimées, dans lesquelles les parents célèbrent les vertus des morts ou font la critique de leur vie. Théophile de Bordeu a ainsi décrit cet usage dans les lettres à Mme de Sorberio : « Dans cette vallée, on pleure les morts en vers et en rimes, en les chantant. Ce sont des dialogues, des élégies quelquefois très spirituelles, des apostrophes à l'âme du mort, des commissions qu'on lui donne pour l'autre monde. » Un autre écrivain, le naturaliste Palassou, en a fait la mention suivante dans son bel ouvrage : « On y remarque, dit-il, des femmes qui se lamentent, récitant des vers,

dans lesquels elles expriment et toujours en impro-
visant tout ce qui s'offre à leur esprit sur les qualités
du défunt et sur les circonstances de sa vie. C'est toujours la plus proche parente qui remplit gratuitement
ce devoir et les pleureuses à gages n'existent pas [1]. »
M. Rivarès, un des nombreux érudits du Béarn, a
publié un très intéressant recueil de chansons et
d'airs populaires béarnais dans lequel j'emprunte un
exemple de ces chants funèbres ou de ces *aurostz*
comme on les surnomme dans le pays. Cette chanson
fut composée par la plus célèbre chanteuse funéraire de la vallée et en même temps la plus jolie
femme de ce pays, ce qui lui a valu le nom de la
vierge blanche. On y sent vraiment l'élan poétique :
« Prenez le deuil, faites sonner les cloches ! Pasteurs,
» bergers, laissez vos troupeaux, venez tous des
» monts et des plaines, des coteaux, des champs et
» des vallons ! Qu'il n'en manque aucun, fils de la
» poésie, enfants aimés du Gave et de l'Adour ; accou-
» rez pour assister, en chantant, aux funérailles du
» dernier troubadour. » Ce dernier troubadour c'était
le célèbre poète Navarrot dont les Béarnais peuvent

---

1. — F. CAPDEVIELLE : *La Vallée d'Ossau,* page 132.

être bien fiers. Voici encore un autre chant funéraire
qui se distingue absolument du précédent :

D'Icherauna[1] je suis descendue
Et ne sais trop où je suis passée.
Cousine, je n'ai pas vu le chemin,
Tant j'étais pressée d'arriver.

En arrivant à la campagne
J'ai entendu le son de la grande cloche;
J'ai demandé pour qui ce glas de mort,
On m'a répondu pour la cousine de M-lle.

J'ai été passer la nuit dans notre case,
Car là j'avais quelque droit.
Chez nous, ce soir-là, on faisait du charbon,
Il n'y a pas de déshonneur dans cela;
Aucun déshonneur pour gagner sa vie,
Pas plus que pour l'abbé de dire sa messe.

.   .   .   .   .

Hélas ! cousine, où t'a-t-on mise?
On t'y désirait il y a bien longtemps.

(Apercevant la servante
dans la basse-cour.)

Te voilà donc, femme à tout faire,
Qui ramasse du fumier dans les rues;
Misérable, si tu avais de l'honneur,
Tu te cacherais dans un capuchon.

1. — Nom d'une montagne.

> (Le veuf survient et veut forcer la
> cousine à se taire, mais celle-ci l'apos-
> trophe en ces termes) :

Le voilà donc ce veuf tant affligé!
Aucune larme de ses yeux n'a coulé.
Un tel veuf n'a besoin d'être consolé :
Il désirait depuis longtemps ce qui arrive.

Dans cette chambre si sacrée
Depuis neuf mois elle n'était entrée;
Elle y est entrée hier matin.
Tout exprès pour y recevoir sa mort.

Tirez ces bandelettes de lin [1]
Il y en a de soie ici....
Cousine, vous avez un pauvre état.

Monsieur Curé, fils de Bedon,
Faites ici quelques réflexions ;
Appelez ici la justice
Car il y a un grand coup de malice.

Qu'ils prient Dieu ceux qui le peuvent,
Laissez pleurer ceux qui pleurent.

Monsieur Curé gagne petit
A chaque Pater veut un liard;
Mais si l'on ne fait trin-trin au plat,
Il n'y a pas du tout de Pater.

Hé, cousine, vous nous quittez
Et vous ne m'avez pas fait les adieux!

---

1. — Les habitants mettent une sorte d'ostentation à revêtir les morts du
plus beau linge filé d'avance dans cette intention.

D'une chose je veux vous prier :
A votre mère, veuillez me rappeler ;
Dieu veuille qu'elle soit ce soir avec vous
Dans le royaume des bienheureux.

C'est ordinairement à l'âge de 25 ans pour les hommes et à 17 ans pour les femmes que les mariages se contractent chez les Ossalois. Il y a rarement des unions lointaines et c'est presque toujours entre les habitants du même village qu'elles se font, comme le prouve du reste le proverbe qui dit :

Qui dehore ba maridat,
Que troumpe ou quey troumpat.

Dans ce jour heureux on se pare des plus jolis costumes qui sont parfois d'un grand prix. Quand tout est prêt, les ambassadeurs vont chercher la *nobio* (la fiancée) de la part de son prétendu. Elle, sans doute, (comme dans tous les pays) se fait prier pour les suivre et quitter pour toujours sa chambre virginale. Le cortège offre un spectacle magnifique. Ordinairement, devant la fiancée, on porte du grain, des œufs, des pommes, emblêmes de l'abondance qui doit régner dans le nouveau ménage. Il faut remarquer que le nombre *neuf* joue un grand rôle dans tous les actes. Les habitants de la vallée d'Ossau sont pour la plupart des pasteurs et leur principale ressource consiste dans les produits de leurs troupeaux.

La race des chiens qui gardent leurs troupeaux est bien curieuse. Ils ressemblent tous au loup, sont d'une haute taille, presque toujours blancs, tachetés de noir ou de fauve. Les Ossalois les appellent *Pigou* (de pigue, pie). On chante : *U gentilhet pastou s'en ba ta la mountanhe dab soun fidel Pigou* (un gentil pasteur s'en va dans la montagne avec son chien fidèle.) — *A tu Pigou,* s'écrie le berger, et son vaillant compagnon s'élance intrépide contre l'ennemi de son maître. Lorsque de la plaine où ils ont passé l'hiver, les bergers reviennent avec leurs troupeaux dans les montagnes, ils répètent le refrain d'une vieille chanson : *Ossaü, mas amourettes ! Ossaü, jou m'en y baü !* (Ossau, mes chères amours ! Ossau, je m'en y vais), et quand deux pasteurs se rencontrent — *pet de pericle,* se disent-ils, *homi changre etz d'Ossaü* (coup de tonnerre ! diable d'homme, vous êtes d'Ossau).

UN JOUEUR DE TAMBOURIN

XIII

Il faudrait habiter longtemps les montagnes pour noter toutes les croyances et les superstitions. Un observateur attentif pourrait seul apercevoir les traits caractéristiques qui échappent à l'œil du vulgaire et qui peuvent cependant si bien servir à dévoiler les secrets du cœur humain. Nous savons que les anciens peuples offraient leurs hommages aux fleuves et plaçaient dans les temples des statues qui les représentaient. Il y avait peu de rivières, surtout dans la Grèce et dans l'Italie auprès desquelles on ne trouvât des autels consacrés au dieu du fleuve ; on allait y faire des libations et même des sacrifices. Les Gaulois n'avaient point dans les premiers temps d'autres dieux que les arbres, les étangs, les lacs et les rivières. Le culte de l'eau a laissé de nombreuses traces parmi les Ossalois. Nous avons eu déjà l'occasion de remarquer qu'on avait l'habitude de prévenir les voyageurs de ne point prononcer des paroles impies en s'approchant des lacs et de n'y point jeter des pierres.

Souvent on prie l'étranger de laisser tomber dans l'eau une pièce d'argent et quelques fleurs, assurant que cela doit lui porter bonheur. « Cet argent, dit-on pour vous convaincre, sera trouvé sans doute par un pauvre ; ces fleurs emportées par les eaux arriveront dans votre pays : elles annonceront à ceux que vous aimez que vous avez surmonté les dangers du voyage et ils prieront le ciel pour votre heureux retour ! » La veille de St-Jean, on a coutume d'offrir aux cours d'eau quelques cadeaux, comme par exemple des pièces, des étoffes, des aliments ou simplement de l'argent. Ceux qui souffrent des yeux doivent se laver avec cette eau et le mal passe de suite, si toutefois le génie habitant dans le lac ou la rivière est content du présent qu'on lui fait. La croyance populaire conseille à toutes les personnes atteintes de maladies de la peau de se rouler sur des champs d'avoine à l'aube, quand la rosée n'est pas encore évaporée. Si l'enfant a une fièvre, sa nourrice adresse à la fée une invocation rimée offrant en même temps un petit pain couvert de sel. Tout cela se passe près d'un pied de menthe sauvage. A la neuvième prière la plante doit être morte et l'enfant guéri. On ne saurait croire combien le sel jouit à leurs yeux de propriétés puissantes pour détruire le mal. Ils lui attribuent, dans une multitude de circonstances, une vertu tout à fait miraculeuse et dans les maladies même ils ont une foule de recettes et de spécifiques de cette force. Il ne serait peut-être pas hors de propos de faire remarquer ici qu'une partie de ces pratiques singulières appliquées par les gens du pays à la guérison des maux, peut avoir pris son origine à l'époque où les Maures se réfugièrent en France, à la suite des persécutions du tribunal du Saint Office. Connus sous le nom générique de gitanos ou de bohémiens, plusieurs d'entre eux se livrèrent à l'art de guérir au moyen de charmes et de pratiques de magie qu'ils inventaient à l'usage des âmes crédules. On trouve dans une compilation de Règlements et Privilèges de la province du Béarn

(1676) que le duc de La Force, lieutenant général du Béarn, rendit le 2 juillet 1604 une ordonnance contre les médecins empiriques, portant que ceux d'entre eux qui ordonneraient et feraient prendre des drogues et médecines seraient bannis pour la première fois et punis du fouet en cas de récidive. La superstition étend son sceptre mystérieux sur toute la population. Elle règne surtout en despote parmi les femmes. Aussi la *brouche* ou la sorcière est très puissante. Elle pénètre partout, entend tout et sait tout. Terrible par sa cruelle vengeance, elle peut occasionner tous les maux imaginables. Si quelque malheur survient dans la famille, c'est toujours la *brouche* qui en est la cause. On va même plus loin ; on la connaît, on la nomme avec une crainte respectueuse. Ces sorcières donnèrent lieu à des procès très nombreux ; et des jugements qui nous sont parvenus, il résulte que la punition qui attendait ces adeptes du diable était vraiment terrible : de pauvres femmes furent brûlées vivantes ; il faut ajouter que les méchants en profitaient souvent pour satisfaire leur haine personnelle. Un passage dans le livre de l'historien Marca prouve que même au XIV° siècle la foi en la sorcellerie était très vive. Comme pièce curieuse, nous mentionnerons le *Contrat de la paix faite entre les Vallées*, où se trouve l'absolution du Pape. Le Pape absout la terre, les habitants et les bestiaux des dites vallées du péché commis par l'abbé... Ce prêtre fut accusé d'avoir fait mourir par *art magique* un grand nombre d'habitants : la terre, les femmes, les bestiaux, avaient été frappés de stérilité durant six années. Le livre très ancien de Pierre de Zancre fournit des renseignements précieux sur les croyances et les pratiques de sorcellerie. *Le Tableau de l'inconstance des mauvais anges et démons* nous apprend que les démons et les malins esprits ayant été chassés de la Laponie et des Indes se sont jetés dans ces montagnes. Les diables avaient choisi autrefois la nuit pour tenir le sabbat, mais depuis ils ont varié et vont parfois au sabbat en plein midi. Le diable plante quelquefois sa grande chaise dorée tout à fait vis-à-vis de l'autel. Beaucoup de personnes nous ont assuré qu'elles avaient été au sabbat en plein midi et qu'elles y furent transportées étant dans l'église, *parce qu'ayant veillé toute la nuit,* elles s'endorment sur les onze heures, si bien que le diable saisit cette occasion pour les y mener. C'est aussi ce que dit le psaume *ab incursu et demonio meridiano.*

L'auteur ajoute qu'il peut y transporter à tout moment, soit de jour, soit de nuit. Il n'a point de formes constantes, mais on raconte qu'une fois, par exemple, on a vu une grande cruche d'où sortait le diable en forme de bouc : « Qu'estant sorty il devient si grand qu'il se rend espouvantable et que le sabbat finy il rentre dans la cruche. » D'autres prétendent qu'il est comme un grand *tronc d'arbre* obscur, sans bras et sans pieds, assis sur une chaise ayant quelque forme de visage d'homme grand et affreux. Maria A. déposa que la première fois qu'elle lui fut présenté elle le baisa au visage, qu'elle l'a baisé par trois fois et qu'il avait son visage fait comme le museau d'un bouc.

D'autres disent qu'il a la forme d'un grand homme vêtu *ténébreusement* et qu'il ne veut être vu clairement, si bien qu'il est tout flamboyant et le visage rouge comme un fer sortant de la fournaise.

Corneille Brolie dict : « Que lors qu'il luy fut présenté il estait en forme d'homme, ayant quatre cornes en la teste, sans bras, et assis sur une chaire avec quelques femmes de ses favorites toujours près de luy. Et tous sont d'accord que c'est une grande chaire qui semble dorée et fort pompeuse. Toutes lesquelles formes tesmoignent qu'il se monstre ainsi diversement et prend la forme de plusieurs animaux pour se faire mescognoistre et s'accomoder à la portée de ceux qu'il attire à sa cordelle et qui le vont adorer. »

Ce même auteur nous raconte qu'il y a quatre manières de se rendre au sabbat et que les sorcières n'y veulent aller qu'en songe ; « elles se couchent seulement sur le costé gauche et lors estant esveillées le diable leur faict vomir et rendre par la bouche une certaine vapeur épaisse dans laquelle elles voyoient tout ce qui s'y faict, comme si elles voyoient dans un miroir. Et quand elles veulent être transportées corporellement, elles s'oignent de certain onguent faict de la graisse de petits enfants ».

COSTUMES DE JEUNES FILLES DES EAUX-BONNES

XIV

ES montagnes furent toujours l'asile chéri des Muses. Celles-ci se plaisent sur les bords des torrents, au milieu des rocs escarpés ; la fraîcheur des vallées les attire et la vie pastorale a pour elles des charmes. En pourrait-il être autrement ? Les monts escarpés, les profonds ravins, les fracas des avalanches, la voix des aquilons, toutes ces scènes gigantesques ne doivent-elles pas exalter l'imagination, enflammer le cœur et faire naître de grandes idées. Continuellement occupés à la garde de leurs troupeaux, pendant les longues heures du jour et dans le silence de la nuit, comment les pasteurs auraient-ils pu rester insensibles à toutes les beautés

de la nature et comment leurs chants n'auraient-ils
pas été profondément empreints de la passion qui
domine sans partage toutes les facultés de leur âme.

A tous les avantages d'une langue féconde et originale, le pâtre des Pyrénées joint un esprit fin et
délié.

Riche de souvenirs historiques et de fabuleuses
traditions, le montagnard apprend dès le berceau ces
récits merveilleux, ces naïves complaintes qui plus
tard éveilleront son imagination. Ici est la montagne
qu'habite un célèbre magicien ; là, dans cette caverne,
sont enfouies d'immenses richesses ; mais des fées
malfaisantes en défendent l'entrée ; plus loin c'est la
brèche de Roland, l'empreinte du pied ferré.....

Pendant les longues soirées d'hiver, le vent se fait-il
entendre dans la forêt ? C'est la voix formidable du
roi Arthus, le sabbat des sorcières ou les hurlements
d'un affreux loup-garou.

Il existe dans la vallée d'Ossau un fond considérable de chants populaires se rapportant à différents
sujets, ou consacrés aux principales circonstances de
la vie, telles que le mariage et les funérailles [1]. Les plus

1. — Voir *Chants populaires de la Vallée d'Ossau,* par le comte de
PUYMAIGRE.

importants se rapportent aux joies ou aux chagrins de l'amour et présentent un caractère plus ou moins idyllique. Il en est encore d'autres où l'on voit se refléter de loin quelques réminiscences des personnages célèbres ou des faits historiques qui ont eu du retentissement dans les montagnes. M. Mazure a publié cinq de ces chansons dans son Histoire du Béarn sous les titres suivants : *Captivité de François Ier*, *Mort du duc de Joyeuse, Mort du duc de Maine, Les galères du roi de Séville* et *Les Trois Colombes de Cauterets*. En voici deux autres appartenant à la même catégorie : « Alerte, alerte ami. Les Maures sont près de nous ; si nous allons à Lespalungue, ils sauront bien nous y trouver. Partons, partons chère Aurangle, enfermons vite le bétail. Sarrasins cruels, jamais nous ne vous serons fidèles. Vous pillez les bourgades. Habitants de la contrée, partons pour d'autres endroits.

» Dieu quelle désolation ! Quel chagrin !

» Ils ont fait périr mon père. Descendons vite la côte. Attaquons les avant-postes. Il faut ou vaincre ou mourir. La grande cité d'Oloron a combattu avec honneur. Ossalois, à son exemple, il faut leur livrer un grand combat. Bilhérois et Castérois, un de vous en vaut trois. Au bord des Trois-Cases vous en avez tué cent trente ; sur la place tous ceux qu'il y avait ont péri.

» N'allez point à la Rochelle. Les canons y battent toujours. Il n'y a prince ni capitaine qui osent y aller combattre ; sinon un petit page de Hollande à qui son maître l'a commandé ! En avant, en avant, page Alexandre, dans la guerre il faut se signaler. — Puisqu'à la guerre il faut que j'aille, il faut me donner vos armes. Vos armes bleues, vos armes blanches et votre cheval pommelé. — Deux fois, trois fois il échappe à la bataille ; deux fois, trois fois il va au combat. Mais tout près de la muraille, un mousquetaire l'a blessé.

» La reine est sur la muraille. Elle a encouragé le défenseur, elle l'a honoré d'une médaille. Vive son fils le bien-aimé.

La chanson de François Ier prisonnier. — Cette chanson est extrêmement répandue. Nous en retrouvons une version française dans les *chants historiques* de M. Le Roux de Lincy (t. II, p. 192). M. de la Villemorqué en communique une autre dans la *Bretagne française*. Elle a été publiée en Catalan par Mila y Fontanals dans les *Observationes sobre la poesia popular* et encore dans le Nord on a retrouvé deux versions assez différentes. La chanson de *Dunois,* de ce capitaine qui fut envoyé en 1450 en Guyenne pour y combattre les Anglais. Il les chassa de Montguyon, de Blaye, de Fronsac et de Dax et assiégea Bayonne qui se rendit. Une troisième chanson chante la mort de M. de Monein. Le personnage dont il est question, est Tristan, baron de Monein, qui fut tué à Bordeaux dans une sédition et sur la mort duquel Nicolas de Bordenave donne les détails suivants : « L'an 1548 fut la sédition des Gabeleurs en Guyenne esmue premièrement en Saintonge par le peuple même à cause de quelques imposts nouveaux que le roy Henri II avait mis sur les salines. Cette furie populaire se répandit incontinent par toute la Guyenne avec tant d'insolence et de cruauté que plusieurs officiers du Roy et autres notables personnages furent massacrés et leurs maisons pillées, et ne fallait point incontinent faire massacrer un homme qui crie au gabeleur. En la ville de Bordeaux où la présence et le respect du lieutenant du Roy qui estait en la ville et de la cour du Parlement, devait contenir le peuple en quelque crainte et révérence de l'autorité du Roy, furent exercées les plus grandes insolences et les plus brutales cruautés, car le seigneur de Monein, gentilhomme béarnais, envoyé par tout le corps du Parlement, fut inhumainement massacré par quelque bélitre sur la porte de la maison de la Mairine. Et ceux qui passaient auprès du corps mort du lieutenant du Roy, qui gisait nud sur la rue, ensanglantaient le fer de leurs piques dans ses plaies en jetant plusieurs cris de joyeuses acclamations, comme en un triomphe de victoire. »

Les filles du seigneur de Meyrac, n'est qu'une variante d'une romance portugaise *Donzella qui vas à guerra* et d'un chant du nord de l'Italie publié dans *les Canti Monferini.*

La Bergère et le Loup. — Cette chanson est très connue, même sur des points fort éloignés les uns des autres, comme par exemple en Italie [1] et en Allemagne [2]. On est frappé de la ressemblance de cette chanson et d'un chant du *Carmina burana :* « Lucis orto sidere, exit virgo prospere. »

1. — MARCOALDI : *Canti inedit.* — FERRARO : *Canti Monperini.*
2. — WOLF : *Volksheder.*

Tenez, belle, votre brebis,
Mettez-la avec les autres,
Je vous ai fait un grand plaisir,
M'en ferez-vous un autre ?

Monsieur tout en vous remerciant,
Vous avez pris grande peine,
Quand nous tondrons nos brebis,
Vous en aurez la laine.

Belle je ne suis pas marchand
Ni revendeur de laine,
Mais je demande un doux baiser,
Pour me payer ma peine.

Monsieur ! ne parlez pas si haut,
Ma mère nous écoute,
Et si mon père nous entend
Il me battra sans doute.

LE ROSSIGNOL MESSAGER

En revenant de Paris
J'ai rencontré une bergère
Hélas, mon Dieu, qui chantait tant
Elle ressemblait à l'hirondelle,
Au rossignol dans le printemps.
Je lui dis en m'approchant
Bonjour, bonjour mademoiselle
Vous êtes la fille d'un prince
Et moi le fils d'un grand seigneur
Pour vous mademoiselle
Je serai votre serviteur.

— Si mon amant vous étiez
Dans les armées point n'iriez
Car qui va dans les armées
Va en danger d'être tué.
— Si à l'armée je m'en vais
Vous entendrez de mes nouvelles
Par un messager ou deux :
Par un rossignol sauvage
Le messager des amoureux.
Le messager n'a pas manqué
D'aller à la porte de Colette.
Bell' je vous souhait' le bonjour
Êtes-vous fille ou bien dame ?
Je vous apporte des nouvelles
De celui qu' votre cœur a aimé.
Lui répondit la demoiselle
De ma boîte prenez les clefs
L'or et l'argent que vous voudrez
C'est pour passer la mer courante
Sans peine ni sans danger
Je vous remerci' mademoiselle
J'ai une plume sous mon aile
Qui vaut un million de francs
C'est pour passer la mer courante
Pour aller trouver votre amant.

Quand j'étais petite, je gardais les agneaux, parmi les fleurs de la prairie, je ne pensais pas aux amours. Maintenant que je suis grande, je garde les moutons, je leur fais paître l'herbette dans ces champs si doux.

Are quen soy granette
Jou goardi lous moutous
Qu'ous hey peche l'herbette
En sets planets ta dous.

Un jour je les ai conduits à l'onde de ce petit ruisseau. Là, j'ai trouvé sur la pierre trois chevaliers gracieux. L'un me dit, adieu minette, l'autre adieu mon amour, l'autre me pousse dans le ruisseau comme un pêcheur jette sa ligne. Il y avait peu d'eau, je ne me suis point mouillée. Au pied du bon pommier je me suis bien assise. Pommier divin qui charmes, tu as de bien belles fleurs, mais tu n'en as pas autant que mon cœur a d'amour.

LA FLAMANDE

Cette chanson existe aussi dans l'ancien département de la Moselle ainsi qu'en Belgique.

Dedans Bordeaux il y a
Une jolie Flamande
Tra la, tra la la ra.
Dedans Bordeaux
Une jolie Flamande.

De trois amants qu'elle a
Ne sait pas lequel prendre
L'un est maître boulanger
L'autre un meneur de danse

L'autre est un cordonnier,
Celui-là elle va prendre.
Il lui fera des souliers
De Maroquin de Flandre
Et tout comme il la va chaussant
Lui fait une demande,
Galant, galant si tu le veux
Nous nous marierons ensemble
Nous coucherons dans un lit vert
Couvert de fleurs d'orange
Avec à l'entour du papier
Le rossignol y chante.

LE MÉDECIN

Bonjour maître médecin
Et à toute la compagnie
Lan tire-lire, lon lire
Et à toute la compagnie.
Je ne suis venu ici
Ni pour chanter, ni pour rire
Lan tire-lire, lon lire.
Je suis venu expressément
Pour demander votre fille
Lan tire-lire, lon lire.
Monsieur laquelle voulez-vous
La grande ou la petite
Lan tire-lire, lon lire.
La petite s'il vous plaît
Car elle est la plus jolie
Lan tire-lire, lon lire.
La plus grande est près du feu

Ell' pleure, elle soupire
Lan tire-lire, lon lire.
Ma sœur ne pleure pas tant
Car tu seras mariée
Lan tire-lire, lon lire.
Avec un riche marchand
Revendeur de pomm' cuites
Lan tire-lire, lon lire.
Et il vous mènera à Paris
A cheval ou à bourrique
Lan tire-lire, lon lire.

Les 30 Vaisseaux chargés de Blé. — Un grand nombre de provinces en France [1], la Catalogne [2], l'Italie [3] pourraient offrir de nombreux parallèles à cette chanson qui rappelle aussi la romance :

LA BELLA SCELLEM [4]

Devant Burgos sont arrivés
Trente vaisseaux chargés de blé.
Nous irons sur l'eau nous promener
Nous irons jouer aux îles.
Trois dames les vont marchander :
« Marchand, combien vends-tu ton blé ? »
Nous irons jouer aux îles.

1. — *Chant populaire du Pays messin,* p. 106. — *Romance de Champagne,* t. II, p. 230. — *Chants populaires de Champfleuri,* p. 156.
2. — *Observaciones sobre la poesia popular,* p. 101.
3. — *Cauzoin del Piemont,* p. 170.
4. — *Primovera y flor de romances,* t. II, p. 3.

Entrez, mesdames, vous le saurez
Et la plus jeune haussa le pied
Nous irons jouer aux îles.
Marinier se mit à voguer
Arrête, arrête, marinier,
Nous irons jouer aux îles.
Je suis femme d'un conseiller.
Quand vous seriez femme du roi
Nous irons jouer aux îles.
Avec vous je me coucherai
Dans un lit bien renfermé
Nous irons jouer aux îles.
Ou les anneaux sont d'acier
Et les rideaux de papier
Nous irons jouer aux îles.

LE DUC DE MAINE

Le noble duc de Maine
Est mort ou bien blessé
Dondaine la ro la la la
Est mort ou bien blessé.
Trois jeunes demoiselles
Le viennent visiter
Ell' lui disent : « Beau Prince
Où êtes-vous blessé ? »
Au cœur, mesdemoiselles
Je crois que j'en mourrai
Appellez-moi mes pages
Mes pages et laquais
Qu'ils m'apportent de l'encre
De l'encre et du papier
Pour écrire une lettre

A mon cousin le roi.

. . . .

. . . .

Mais vrai Dieu mes armées
Qui donc les fera marcher
Ce sera Monsieur Vendredi
Qui est noble chevalier.

Le Duc de Biron. — On peut lire dans les instruc-
tions relatives aux poésies populaires une autre version de cette espèce de complainte qui doit être fort
ancienne. Elle offre, d'une manière assez remarquable, des traces de la passion de Biron pour le jeu.
En une année, suivant les mémoires de Sully (t. VII,
p. 74), le duc avait perdu plus de 500.000 écus.

La Belle Marquise. — Il y a deux autres versions
de cette belle chanson. On croit que tout fait allusion
à Henri IV qui, à Pau et dans les environs, occupe
beaucoup l'imagination. La marquise n'est autre que
Gabrielle d'Estrée, qu'on prétendait avoir été empoi-
sonnée par une orange ou un citron dans le jardin de
Zamet.

Quand le roi entra dans la Cour
Pour saluer les dames
La première qu'il salua

Ell' lui a ravi son âme.
Le roi demande à ces Messieurs
A qui est cett' joli' dame ?
Le grand marquis lui a répondu :
Sire, elle est ma femme.
Marquis tu es plus heureux que moi
D'avoir cett' joli' dame,
Mais je te jure en foi de roi
Elle sera la mienne.
Sire, vous avez tout pouvoir
Tout pouvoir et puissance.
Mais si vous n'étiez pas le roi
J'en aurais la vengeance.
Le marquis monte les agrès
Dessus son lit d'assise
Tout en pleurant et soupirant
De Gabrielle marquise.
Le roi la prise par la main
La mène dans sa chambre
La marquise tout en pleurant
A voulu se défendre.
— Marquise ne pleurez pas tant
Car vous serez princesse
De tout mon or et mon argent
Vous serez la maîtresse.
La reine lui fit un bouquet
De toutes fleurs jolies
Mais la senteur de ce bouquet
Tua la belle marquise.
Le roi lui fit faire un tombeau
Tout en fer de Venise
Pour y dedans ensevelir
Cette belle marquise.

Voici une petite légende qui a rapport à la fête de St-Jean.

Sur une des plus hautes montagnes, la main de la nature a placé un rocher dont la forme représente parfaitement une espèce d'arche ou de porte, et le 24 juin de chaque année, ce lieu est, dit-on, témoin d'un phénomène miraculeux et inouï. Le jour de la St-Jean-Baptiste, au moment où le prêtre, à l'église, commence la lecture de l'Évangile, le roc se sépare tout-à-coup en deux parties et laisse voir au travers d'une grille d'immenses monceaux d'or et une quantité infinie de richesses. Un petit chien noir, qui n'est autre chose qu'un Lutin, dort accroupi dans un des angles de la caverne. Toutes les tentatives pour soustraire cet or au gardien terrible, restent infructueuses. Bien que le chien paraisse endormi, sa surveillance ne reste pas un instant en défaut. A peine le prêtre a-t-il prononcé le dernier mot de l'Évangile, que le rocher se referme pour ne se rouvrir qu'à la St-Jean prochaine. Cette légende est connue dans tout le pays et les braves gens y ajoutent la foi la plus entière.

Voici une autre légende, d'origine historique, qui nous parle de l'invasion des Normands.

Notre-Dame de Layguelade. — Comme chaque

pays a ses lieux révérés en objets de culte et de vénération, Ossau possède son oratoire de Layguelade.
La position en est charmante. Il s'élève au centre de
la vallée, à quelques pas de Bielle, non loin du gothi-
que donjon de Gaston Phœbus et de l'ancienne résidence du vicomte d'Ossau. De grands arbres l'entourent, le Gave impétueux y ralentit sa course comme
pour lui rendre hommage et se détourne pour aller
baigner ses murailles. La fondation de la chapelle
rappelle un des plus brillants épisodes de la vieille
histoire d'Ossau.

C'était vers le milieu du ixe siècle, peut-être en
840. Les Normands avaient alors envahi le Béarn,
ivres de sang et toujours avides de richesses. Ils ne
disparaissaient d'un pays que pour lui donner le
temps de réparer ses pertes, pour leur offrir une
nouvelle proie. D'Oloron, qu'ils venaient de réduire
en cendres, ils firent plusieurs incursions dans la vallée
d'Ossau. Après diverses tentatives pour s'emparer
des troupeaux, ils assiégèrent le château de Bielle.
On ignore qui bâtit ce château. Peut-être fût-ce le fils
de Clovis, l'aventureux Childebert, à son retour de
Saragosse, d'où l'auraient expulsé, d'après les chroniques, les miraculeuses reliques du diacre St-Vincent.

Quoiqu'il en soit, ce château se défendait avec succès. Le siège traînait en longueur et rien n'en laissait prévoir la fin prochaine, lorsqu'un barbare à la taille colossale se présente seul devant le rempart. D'une voix formidable, il crie aux assiégés : « Que celui qui a du cœur sorte de derrière ces murailles et vienne se mesurer avec moi. » A cette provocation orgueilleuse, personne ne répond. Alors tirant de sa ceinture un collier auquel était suspendue une croix d'or, il continua à provoquer les Ossalois. « N'y a-t-il donc pas parmi vous un seul vaillant guerrier ? Qu'il sorte s'il y en a, voici le prix du combat. » Le sieur de Béon ayant vu le collier, l'a reconnu tout de suite pour être celui de son épouse, la belle Marguerite. « Je veux me mesurer avec toi, crie-t-il aussitôt au barbare, si le prix de la lutte doit être non ce collier, mais celle à qui tu l'as dérobé. » Le géant y consent. Bientôt il revient avec une femme d'une beauté ravissante et Béon aperçoit sa malheureuse femme. Il l'avait laissée loin de tout danger, au haut d'une montagne inaccessible ; mais l'imprudente en était descendue avec quelques compagnes pour tomber ensemble au pouvoir des Sarrazins. Marguerite est placée sur un tertre et le combat commence.

Levant sa lourde massue, le géant en assène un coup formidable à son adversaire qui heureusement l'évite. Alors furieux, écumant de rage et poussant d'effroyables vociférations, il recule jusqu'au pied du tertre pour s'élancer de nouveau sur son ennemi. C'en était fait du seigneur de Béon. Comment échapper à cette attaque terrible ? Mais tout en attendant le barbare avec courage, il invoquait tout bas l'intercession de la Sainte-Vierge et ce ne fut pas en vain. Tout-à-coup, obéissant à une inspiration subite, Marguerite détache son tablier et en couvre la tête du géant. Surpris un instant de cette ruse, le géant se débarrasse bientôt du tablier, mais déjà son adversaire l'a devancé et d'un coup de hache, il l'étend à ses pieds.

Arborée sur les remparts du château, la tête du barbare jeta la confusion parmi les Sarrazins qui levèrent le siège et disparurent pour ne plus revenir.

C'est en reconnaissance de la miraculeuse intervention de la Sainte-Vierge, que plus tard le seigneur de Béon éleva la chapelle de Layguelade.

F I N

Pic du Midi d'Ossay

IMPRIMERIE - STÉRÉOTYPIE GARET

J. EMPÉRAUGER, IMPRIMEUR

PAU